khori

https://brunch.co.kr/@khorikim

http://khori.tistory.com

e-mail: khori@tistory.com

표지 디자인 : 류아름

발 행 | 2017-01-31

저 자 | khori

펴낸이 | 한건희

펴낸곳 | 주식회사 부크크

출판사등록 | 2014.07.15(제2014-16호)

주 소 | 경기도 부천시 원미구 춘의동 202 춘의테크노파크2단지 202동 1306호

전 화 | 1670-8316

이메일 | info@bookk.co.kr

ISBN | 979-11-272-3229-0

본 책은 브런치 POD 출판물입니다.

https://brunch.co.kr

www.bookk.co.kr

해외영업팀장 분투기

khori 기록하다

목차

1. 해외영업, 리더를 지향해야 하는 이유   8

2. 상사(上司)의 품격   19

3. 일에 대한 나의 생각   25

4. 꿈이 직장인이었던 사람은 없다   33

5. 성과 보상의 경험   40

6. Layoff   48

7. 멀리서 보면 희극, 가까이 보면 비극   54

8. 관리자가 된다는 것   60

9. 직책과 시간   67

10. 영업, 아무나 한다. 그러나 잘하는 건 아무나 못한다.   79

11. 회사 다니며 이해한 단어   91

12. 시스템에 대한 다른 관점   98

13. 영업전략과 시장에 대한 생각   106

14. 표준화와 차별화   113

15. Partner   117

16. 실적 관리   123

17. 연애를 잘하면 영업도 잘 할 수 있다.   129

18. 목표 = 실행   136

19. 왜 그렇게 회의가 많은가?   142

20. 왜 야근을 하는가?   147

21. 영업의 즐거움   159

22. 청춘의 인생을 소중히 읽어야 한다   166

23. Collaboration   172

24. 상상을 현실로 끌어내는 방식   180

25. 영업과 마케팅   189

26. 신입사원 OJT   196

27. 상사의 패턴   202

28. 전략기획과 분석은 왜 하는가?   210

29. 창의력은 선천적인 것이 아니다   215

30. Sales Yourself   226

31. Vision+   234

32. 困而不學   242

33. 손이 많이 가는 사람, 손이 빠른 사람   246

34. 영업이 연구/개발과 대화할 때   254

35. 해외영업을 꿈꾸는 사람들에게   262

<해외영업팀장분투기> 책으로 엮으며

　대학, 대학원부터 무역학을 공부하고, 전자 업종에서 해외영업이란 직무를 20년 가까이 해왔다. 실무라는 기술적인 부분은 관련 전공과 지식, 현업의 숙련도를 통해서 충분히 몸에 익힐 수 있다.

　하지만 회사라는 조직에서 실행하는 실전은 이론에는 차이가 있다. 그 차이는 업(業)이라는 분야의 특성과 기업이 갖고 있는 환경에서 다양하게 변화하기 때문이다. 지식으로 배운 이론은 기초가 되지만, 책처럼 되지 않는다. 그 이유는 내가 종사하는 업종의 경기 규칙과 내가 다니는 기업을 움직이는 시스템에 대한 이해가 부족하고, 그 업을 이어가는 다양한 사람들의 다양성이 더욱 어렵게 만든다.

　나의 직업을 통해서 해외영업 팀장이란 역할이 주어졌을 때, 내 역량이 부족하면 자리가 나를 밀어낼 것이고, 내 역량이 그 역할을 잘 이해하고 실행한다면 그 자리를 꿰차고 나갈 수 있다고 생각했다..

　어느 정도 시간이 흘러서 여유가 생기고 예비 동업자인 젊은 청춘들을 블로그, 면접, 특강이란 과정에서 만나며 더 많이 돌아 볼 기회가 생겼다. 아직도 많이 부족하지만 세상의 모습을 보는 나의 안목과 내가 하루하루를 살아내며 하고 있는 일에 대한 작은 기록을 열심히 하는 이유 중 하나다. 그러다 무명소졸의 아저씨가 적어 놓은 것이 이 분야를 도전하는 사람에게 도움이 될 수 있을까 하는 분에 넘치는 생각을 했다. 내 생각을 정리해 갈무리 한다는 생각이 가장 크다.

　나처럼 막연하게 시작하면 곤이학(困而學, 고생하고 공부한다)의 과정을 거쳐야 한다. 비록 현업의 정제되지 않은 거친 내용이지만 이 분야에 도전하는 사람들이 나를 바라보면 학이지(學而知, 배워서 깨닫다)를 하는 것이 얼마나 중요한 알았으면 좋겠다. 내가 나쁜 표본인지 좋은 표본인지는 읽는 사람의 판단이고 또 feedback을 통해서 받아 들여야 한다.

책을 만든다는 것은 제품과 서비스를 기획, 생산하는 과정과 유사하다. 좋은 제품처럼 정갈하고 명료한 글쓰기, 주제의 핵심을 잘 전달하는 표현, 무엇보다도 사람들이 듣고자 하는 이야기에 대한 것을 나의 생각으로 표현해야 한다는 생각과 실행과의 차이가 크다. 특히 맞춤법과 띄어쓰기 실력을 돌아보면 나 스스로가 한심해 보인다. 결국 처음 책을 만들어 본다는 것은 결국 실험용 프로토 타입처럼 부족하지만 또 하나의 작은 만족이다.

어떤 일이 잘 정착될 때까지는 모든 일은 엉망진창이다. 그 과정을 거쳐야 무엇에 집중해야 하는지, 어떤 방향으로 움직여야 하는지를 알 수 있다. 살아오면서 나에게 떠오른 일상의 기록이지만, 스스로 why라는 호기심을 만들어 가고 더 좋은 방법을 찾는데 조금이나 도움이 됐으면 한다.

해외영업의 길에서 마주하는 모든 문제는 삶과 마찬가지로 내가 풀어가야 한다. 변화를 당연하게 생각해야 하는 이유다. 실무 숙련도와 같이 모두가 잘 하는 것으로만 경쟁력이 발생하지 않는다. 그 속에서 누군가는 나만의 차별화 전략을 구축하고 누군가는 실무의 늪을 벗어나지 못한다. 그 부분은 결국 내 스스로 깨닫고 집중해서 성취하는 과정이다. 물러서서 조망하고 다시 안으로 들어가는 여유와 실력이 있어야 한다. 해외영업 팀장이란 역할을 마무리하며, 유효했던 것들을 두서없이 적었다. 책을 쓴다는 것이 계량적 효용 분석에서 비경제적인 활동에 가깝다. 하지만 삶과 한 분야의 경험을 돌아보면 두 분야 모두에서 가장 생산적이고 보람 있는 활동이다. 다른 동업자들에게도 좀 더 먼저 경험해 본 사람의 넋두리, 생각을 들어보고 도움이 되면 좋은 것이고, 질책이 있다면 내게 더 큰 도움이 될 것이라고 생각한다.

세상의 모든 업종 분야의 해외영업 종사자들이 하루 하루를 살아내는 치열한 현장에서 활기차게 살아간다. 그들의 건투와 또 이 분야의 학문을 가르치는 분들에게 감사 드린다. 나도 그런 과정을 통해 배우고, 또 해외영업을 하고 있기 때문이다.

괴팍하고 문제 많은 아저씨를 항상 걱정하는 친가와 처가의 부모님, 가족에게 항상 감사하다. 회사에는 못 갈 수 있지만, 집에는 항상 가야 하는 삶을 유지할 수 있도록 하기 때문이다. 더불어 나를 많이 이해해 주는 내 가까운 동료이자 동업자들도 감사 드린다. 그들이 있기에 또 내가 살아가는 이야기가 충실해 지기 때문이다. 떡볶기 간식 밖에 대접하지 못 했는데 이렇게 예쁜 표지를 만들어 주신 류아름 디자이너에게 특히 감사 드린다.

해외영업, 리더를 지향해야 하는 이유

생존의 길을 위해서

나는 내가 하는 일에 대한 자부심과 개인적인 자존감이 높다. 가끔 오만해 보일 수 있지만 영업은 자신만의 매력이 타인에게 도움이 되는 방향으로 역량을 가꾸어 나가야 한다. 주변에 사람이 모이고 따르지 않는 해외영업, 영업은 무엇보다 자신을 충실히 돌아볼 필요가 있다. 스스로 질문을 하고 자신의 궁금함을 알아가는 것은 호기심이다. 타인의 호기심이 대답하는 자에서 판을 주도하고 질문하는 자 변해야 그 호기심이 성장의 동력이 된다. 이해하는 것이 중요한 것이 아니라 실행이 중요하고, 관찰이란 과정을 통해서 하나씩 자신의 호기심을 찾아내어 풀어가는 것이다. 해외영업인의 삶은 끊임없이 목표를 만들고, 그 목표에 의문을 던지고 실행하고, 어려운 상황을 통해서 대책을 수립하는 것을 반복하는 것이다. 이것이 하나의 도전이고 자신의 이야기를 만드는 과정이다. 그 후 이야기를 나누는 것이다.

모든 기업은 생산을 하고 시장을 통해서 수익을 실현한다. 경영이란 이것을 원활하게 하는 모든 활동이다. 경영학 원론이나 조직론의 복잡한 이야기를 할 필요도 없다. 이 과정을 원활하게 돕기 위해서 세세하게 세상의 지식인들이 분석해 기록한 것이다. 하지만 본질은 '만들어서 판다'라는 명제를 벗어나지 못한다. '만든다'는 범위가 유통이나 서비스에서 창출의 방식이, 제조 산업의 물리적 생산과 다른 것처럼 보인다. 하지만 만든다는 복합적 의미에서는 다르지 않다. '판매한다'라는 것은 더 쉽게 이해된다. 누구나 동일하게 이해하는 과정의 동질성을 갖고 있기 때문이다.

대부분의 해외영업 조직에는 우수한 인재를 포진시키는 경향이 높다. 영업의 바탕이 되는 조직은 본질적으로 연구개발이다. 이 분야에 더 우수한 인재를 모으기 위한 노력이 치열하고, 요즘 추세다.

내가 바라보는 경영이란 간단한 명제를 바탕으로 바라보면 지극히 당연한 의사결정이다. 어떤 논리나 설명이 복잡하고 상식적이지 않다면 그것이 아무리 좋은 것이라도 의문과 질문을 던져야 한다. 운이라는 큰 행운이 조금 빗나갈 수 있지만, 악운이라는 패망이 나를 피해가게 하는 좋은 방법이다. 손자병법에서도 이기는 것이 아니라 지지 않는 것이 전쟁의 목적이라는 것은 생각해 볼만한 일이다.

영업을 리더로 키우는 과정이 우리 기업문화에서 부족하다고 느낀다. 모두들 지향하는데 그러하지 못한 결과는 항상 아쉬운 부분이다. 동시에 많은 해외영업, 영업들이 수동적으로 주어진 실적의 틀을 깨고 나가지 않는 것은 스스로 극복해야 할 과제다. 리더는 완장이란 직책을 준다고 생기는 것이 아니라 준비된 사람이 그 자리의 역할에 맞게 실행하는 것이다.

경영자들이 변화에 대응하기 위해서 CTO를 CEO로 육성하는 트렌드가 몇 년 전 유행했다. 이 유행이 우리나라 기업에서 크게 성공적이었는지, 지속성을 통해서 합리적인 추세가 됐는지 판단하기 어렵다.

경영, 영업, 시장의 환경이 보다 기술적인 포용력을 요구한다는 것은 사실이다. 그렇다고 연구소장이 기업을 경영해야 잘 된다는 생각은 매우 무미건조하고 단조로운 접근이다. CTO중에 해외영업, 영업만큼 시장을 잘 바라보고 그 속에서 시장이 인지하지 못한 욕망을 찾아내는 사람이 있을 뿐이다. 대부분의 연구, 개발자들은 자신의 분야에 대한 집중력, 지적 충족과 전문성이 더 높은 집단이다.

CFO 관리자가 경영자가 잘 될 수 있다는 생각은 더 나이브하다. 이 분야에도 CTO처럼 분석을 통해서 시장과 집중할 목표를 잘 찾는 사람이 있다고 생각한다. 하지만 무조건 CFO가 잘 할 것이라는 믿음은 세상일이 종교로써 다 해결되지 않는 것과 같다. 특히 그들은 최소한 하루, 한달, 분기, 일년이란 과거의 결과를 분석한다. 재무는 예측을 포함하지만, 회계는 그날그날의 장부를 정리하는 것이고 월이 되면 마감이란 것을 한다. 이들이 뛰어난 것은 과거의 데이터를 잘 분석해서 원인을 도출하고, 그 원인에 대한 대책을 프로세스를 통해서 해결하는 것이다. 어떤 면에서 과거를 분석하는 일이다. 삶의 과정에서 어제를 분석하는 사람과 내일을 준비하는 사람은 둘로 나눌 수 없다. 하지만 우리는 어제를 살아낸 것이기에 내일을 살아갈 준비를 하는 것이 바람직하다고 믿는다.

예를 들어 CFO는 특정 사업의 결과를 분석해서 성과를 분석하고 이익을 분석한다. 하지만 이들이 내년, 내후년의 사업방향이 성공적일지에 대한 부분은 취약하다. 이들은 비용을 절감하는 형태로 기회비용을 최소화하는 것이지, 가치사슬에서 부가가치를 생성하는 능력이 높다고 보기 어렵다. 해외영업 또는 영업과 비교한다면 이들은 분석이란 시간을 통해서 의사결정 프로세스에 의존한다. 하지만 영업은 그 분야의 전문성, 시장 특성, 가치사슬의 체계, 경쟁현황이란 복합적인 정보를 통해서 사업이 되는지 안 되는지 파악한다. 그리고 그래야 한다. 조직에서 기대하는 역할을 잘 이해해야 한다. 해외영업은 기업에게 고객과 시장을 대변하고, 시장과 고객에게 기업을 대변하는 경계에 있다. 그 경계에 가장 많은 어려움과 기회가 존재한다. 스스로의 안목과 판단 기준이 없다면 시장에 휩쓸려 방향을 정확하게 보지 못한다. 그것이 또 그 분야와 업의 통찰력이다.

관리자가 전체에 너무 큰 목소리를 내기 시작하면서 균형이 깨지면 어려워진다. 디테일에 악마가 있다고 하지만, 디테일의 시대에 디테일이 없으면 바른 판단을 하기 어렵다. 해외영업과 영업은 디테일이란 감각과 전체 시장이란 큰 그림을 동시에 잘 이해해야 한다. 업무 속에서 이런 환경이 주어진 부분이 해외영업, 영업조직이다. 기업이 각각의 조직으로 나뉜 이유는 역할이 있기 때문이다. 더 큰 역할은 어떤 준비가 되었는가에 따라 결정된다.

세상의 모든 경영자는 영업을 한다. 그러나 세상의 모든 경영자가 CTO이거나 CFO는 아니다. 아직도 영업 출신의 경영자 비율이 높은 것이 이를 반증한다고 생각한다. 기업이 유지되고 그 업의 목적이 실현되는 과정에 영업이 있다. 너무나 당연하다고 생각을 어렵게 이야기 하는 경향이 높다.

쉽게 말해서 한 사람은 교과서를 다 읽고 나서 이 분야는 나와 맞지 않는다는 것을 아는 것이고, 해외영업과 영업은 목차를 통해서 이 분야가 나에게 맞는지 안 맞는지를 단박에 파악하는 것이다. 사전 준비와 훈련이 되어 있지 않다면 어려운 일이다. 전투가 벌어지고 한 사병이 '이놈을 쏠까요? 저놈을 쏠까요?'를 계속 물어볼 수 있다. 실전에서 영업은 그를 먼저 쏘아야 할지 모른다. 물론 이놈과 저놈 사이에 좀더 총을 잘 쏘는 놈을 분석해서 쏜다면 합리적인 의사결정이겠지만, 시간의 종속과 굴레를 벗어나지 못하는 사람에게 이것은 사치다. 영화에서 영웅이 그려지는 접근 방식을 상상해 보라. 사색과 자신의 분야에 대한 연구가 부족한 제갈량이 매번 프로세스를 분석하고 이랬다 저랬다 갈등하는 과정을 유비, 관우, 장비에게 매번 보여준다면 그를 신뢰하겠는가? 영업은 개그프로그램에 나온 "척 보면 압니다", 영화 대사의 "딱 보면 알아야지"라는 전문성을 요구하는 집단이다. 그런데 그게 영업을 한다고 막 생겨나지는 않는다. 전문성이라고 해야 하는 분야가 상당히 광범위하다. 영업으로 성공한 사람의 방식도 모두 다르다. 그래서 어느 정도 영업을 해보면 어렵다고 한다. 자신의 장점을 인지하고 훈련하는 과정이 선행해야 하기 때문이다. 그래서 나는 영업을 아무나 하지만 잘하는 것은 아무나 못한다고 말하곤 한다. 전문성의 범위는 업종의 통찰력, 직무의 탁월성 그리고 사람에 대한 성품의 분야로 압축해야 한다고 생각한다. 그것이 팀장을 넘어서 경영의 본질에 다가가는 과정이다.

똑같은 봉급을 받는 영업은 원래 이런 능력을 타고나는가? 그렇지 않다. 경영의 한 축, 그리고 시장에서 목표 실현, 안으로 나를 바라보는 모든 사람들의 기대와 지원을 현실로 끌고 와야 하는 의무가 조직에서 주어진 역할과 책임이다. 선봉에서 이끄는 자를 리더라 부르고, 뒤에서 채찍을 휘두르면 앞으로 나가는 자를 보스라고 할 수 있다. 영업이 리더로써 키워져야 하는 것은 물리적으로 시장과의 최전선이고, 그들이 시장과 기업의 시선을 끌고 가는 시작이기 때문이다. 그 일을 하라고 뽑아서 그 자리를 준 것이다. 그 일을 시키기 위해서 뽑은 것이 아니다. 높은 수준의 혼(spirit)이 필요한 조직이다.

영업은 광각렌즈처럼 넓게 볼 수 있어야 한다. AI 서버와 같이 많은 정보를 받아들이고 가공한다. 가장 중요한 일은 적기에 의사 결정을 하는 것이고, 의사 결정을 위해서 설득, 조율, 협의를 한다. 이것은 하나의 훈련이다. 모든 사람들이 의사결정을 어렵다고 한다. 사실이다. '왜 어렵지?'라는 질문을 더 많이 던져야 하는 이유다.

가장 큰 이유는 정보의 부재다. 알지 못하면 결정할 수 없다. 영업은 기업 경영의 목표를 실현하기 때문에 그 목표를 전제로 연구개발, 제조, 마케팅, 품질관리, 고객만족, 물류, 재무, 회계, 인사 등 모든 부서에 대해서 요구할 권한과 질문할 권한이 풍부한 부서다. 종종 내부에서 갑질 행패가 없는 것은 아니지만 사사롭지 않다는 전제로 목표달성을 위한 자원을 확인하는 것이다. 당연히 어떤 부서보다도 정보가 풍부하다. 스스로 무지를 외면하며, 알려고 하지 않을 뿐이지 정보가 부족한 부서는 아니다. 스스로 귀를 막고, 눈을 감기에 의사결정이 어려운 것이다. 정보가 부족하다고 느끼는 해외영업, 영업이라면 스스로를 돌아봐야 한다. 이렇게 자신의 분야에 눈을 떠야 사람의 관계까지 더욱 깊어지는 과정을 걸을 수 있기 때문이다.

두 번째로 판단력이다. 이것을 측정해서 누구는 판단력 몇 점이라고 계량화하기 어렵다. 판단력이 떨어진다면 좋은 의사결정을 하기 어렵다. 이를 보강하기 위해서 우리는 항상 목표의식을 되새겨야 한다. 내가 해야 할 것을 습관적으로 의식함으로 판단과 결정이 목표에 다가가는 방향으로 훈련하는 것이다. 훈련되지 않은 영업은 자신의 편의, 문책 회피와 같이 자신을 보호하기 위한 사사로운 의사결정을 한다. 책임을 생각하지 않으면, 판단은 의외로 쉬운 것이다. 1+1을 2라고 쓰는 일은 너무나 쉽다. 그런데 1+1은 다른 것이라고 추정할 때 어렵다. 이런 추정의 근거는 정보의 부재에 기인한다. 내가 산수를 하는지 체육을 하는지 알지 못하기 때문이다. 정보란 단편적인 사항이 아니라 경기의 규칙이다. 그 전제와 목표를 기반으로 주어진 정보를 갖고 판단하는 것은 아주 어려운 것은 아니다. 다만 내 상황이 여의치 못해서 마음의 갈등이 생긴다는 것이 더 많다고 생각한다.

이 정도의 과정을 알고 노력한다면 내 생각에 과장은 되어야 한다. 위에서 말한 광각렌즈를 통해서 전체를 조망하고 이제는 망원렌즈를 통해서 집중도 할 수 있는 사전 단계다. 이런 과정을 통해서 훈련하면, 판단력과 의사결정은 일반적인 상황에서 큰 어려움이 감소한다. 정보화 시대, 지식기반 사회라는 말은 최근의 것이나 인류의 역사와 문명은 원래 정보와 지식을 기반으로 발전해 왔다. 세상의 본질은 빠르게 변화하지 않는다.

이 직급을 넘어서면 만들어 가는 과정에 들어선 단계다. 창의성이란 타고나는 것만은 아니다. 내가 가고자 하는 길을 어떻게 갈 것인가를 머리로 시뮬레이션하며 얻어지는 결과다. 그 결과가 효과적인 것이다. 효과적이라는 말은 목표에 좀 더 다가갈 수 있는 가능성을 열어준다는 것이다. 연애할 때 사랑을 구애하는 대상에게 하던 온갖 창피하고 창의적인 활동을 생각해보자. 그런데 업무는 수동적으로 주어졌다는 전제로 인식한다. 수동적으로 변하는 사람은 동일한 과정을 거쳐도 얻는 것이 낮을 수 밖에 없다. 공자님이 열심히 아무리 해봐야 즐기는 사람을 이길 수 없다고 하는 이유는 다름이 아니다. 즐기는 사람은 일반적인 시각에서 살짝 미친놈처럼 보일 수 있다. 연애할 때 심리적으로 미친 사람의 상태와 비슷한 것도 다름이 아니다. 그 안에서 재미와 욕망, 목표를 찾아냈으니 말이다. 재미가 없는 것은 잘 못하기 때문이다. 잘 하려면 반복을 통한 연습이 불가피하다. 엄청난 연습에도 잘 안 된다면 내 마음이 진정으로 하고자 하는 것인지 다시 들여다보아야 한다. 가끔 우리는 타인이 만들어준 상을 따르는 것인지, 내가 정말 잘하고 좋아하는 것을 하고 있는지 솔직하지 못할 때가 많다. 다시 돌아와 이런 과정이 바로 도전이다. 이 도전이란 과정을 통해서 참여를 유도하고 함께 하는 사람들의 의견을 보아서 비전 또는 나만의 이야기를 만들어 가는 것이다. 동시에 자신만의 영업이 만들어지는 것이다.

해외시장에서 고객을 발굴하고 매출을 통해서 수익을 이끌어내는 것은 경영의 관점에서 판매 활동이라는 역할이다. 하지만 이런 단편적인 시각으로만 해외영업을 바라보는 것은 매우 나쁜 결과를 갖고 온다. 이 생각을 구현하는 사람이 경영자라면 좋은 기업이 될 것이란 기대를 하지 않는 것이 좋다. 경영의 본질은 만들어 판매한다고 말했다. 그 한 축을 떼고 생각하면 기업이 지향하는 이상적인 균형을 만들기 힘들다. 시장과 고객은 영업이란 존재를 통해서 그 회사를 이해한다. 기업의 내부와 외부의 경계에서 그들이 시장과 고객의 편에서만 활동하면, 기업의 질적 역량이 악화될 수 있다. 그들을 조직의 핵심 인력과 리더로 육성해야 양적 질적 성장을 만들어 낼 수 있다.

동시에 해외영업과 영업은 경영에서의 조직의 역할과 책임을 넘어서야 한다. 그들의 활동 과정에 정보력, 판단력, 도전, 비전을 만들어 내는 일이 들어 있고, 더 나아가 종사하는 업종의 통찰력과 정체성이 구축된다. 통찰력이라고 부르는 Insight가 중요한 것은 바로 정체성을 구축하는 토대가 되기 때문이다. 정체성이 구축된다면 자신의 색이 좀더 선명해질 수 있고 더 나아가 기업이 특정 목표시장에서 이름을 알리게 된다. 이 과정에서 해외영업과 연구 조직이 모두 자신만의 고유한 역량을 획득하게 되고 이는 기업의 강점이 된다. 더 큰 의미의 차별화 과정이라고 할 수 있다.

내가 해외영업팀장을 해오며, 이 수준을 넘기 위해서 노력했고, 다시 자신의 색을 내려놓고 타인의 색을 만드는데 도움을 주는 방향으로 움직이고 있다. 나이가 들어 쳐지는 살도 아닌데 무엇을 내려놓을 것인가? 나는 자신이 밑거름이 되어 타인이 또 다른 색을 만들 수 있도록 기여하는 것이라 믿는다. 종사하는 기업과 다양한 관련 산업을 통한 open innovation을 통해서 새로운 사업 기회를 찾고, 기획, 실행 할 수 있는 수준에 다다르는 것이다. 현장을 떠나지 않지만 실무를 접하는 방식에 변화를 주는 이유는 많은 사람들이 충분하면 만족할 때를 알아야 하는데 이를 그치지 못하고 나쁜 결과를 끌어안는다. 이런 예는 세상에 너무 많지만 배우지 못하는 것이 아니라 나는 예외라고 생각하기 때문이다. 새로운 색을 만들어 낸다는 것이 개인에게도 기업에게도 시대의 변화에 부흥하는 방법이라고 믿는다. 내가 없으면 안된다는 개인의 욕망은 화를 부르는 가장 효과적인 방법일 뿐이다. 내가 없어도 잘 운영되어야 내가 또 새로운 도전을 할 수 있다.

성취를 하고 나면, 자만하지 말아야 한다. 모두를 같은 색으로 통일하면 망하는 것이다. 내가 아는 것을 제외한 여집합은 무한대이다. 자신의 성취를 모두에게 강요하여 한가지 색 일변도로 하는 욕심은 재앙을 부른다. 화이부동(和而不同)을 만들어가는 조직, 그 활동에서 생존을 거는 집단이 곧 리딩 그룹이다. 그 최전선에 영업이 있다. 해외영업 분야는 일정 부분 도제 제도와 같이 이어지는 부분이 존재한다. 일을 배운 사람은 가르친 사람의 특성을 상당기간 품고 간다. 일을 받는 것이 아니라 시장과 고객이란 사람을 인계 받기 때문이다. 해외영업과 영업은 총체적인 종합 예술 활동이라고 농담을 하는 이유는 이를 유지하고 발전시켜야 하는 다양한 활동을 모두 포함하기 때문이다. 반드시 몸과 마음에 함께 심어야 한다. 그렇지 않으면 업의 활동을 원활하게 하는 것이 아니라 사기꾼과 장사꾼의 경계를 맴도는 그저 그런 사람들을 만드는 것과 다르지 않기 때문이다.

상사(上司)의 품격

가끔은 상사를 갈구는 법에 대해 고민하며

직장에 입사하며 찬란한 미래를 꿈꾸는 청춘의 희망이 있었다. 요즘 노동 유연성이란 고급스런 이름과 달리 상시 해고 체제 속에 끊임없는 경쟁을 강요당하는 사회가 되었음이 시대의 어려움을 대변한다. 세상을 살아가는 사람들의 품격이 어려운 시절로 낮아졌음을 실감하게 된다. 특히 법을 통한 해결이 만연된다는 것은 상식이 땅에 떨어진 시대의 반증이라고 생각한다.

이 환경 속에 만나는 상사, 선임, 선배라는 모습이 참으로 다양하다. 마윈의 말처럼 젊은 시절 좋은 상사를 만나는 것은 좋은 선생님을 만나는 것과 같은 행운이고 복이다. 수년 전 멘토, 멘티란 말이 유행처럼 퍼지는 것만으로도 누군가에게 의지하고, 나의 이야기를 들어줄 누군가가 필요한 시대임을 부인할 수 없다.

그렇다면 좋은 상사, 품격 있는 상사란 무엇인가? 나는 그것의 정의가 획일적이지도 않고, 그것을 느끼는 사람들의 상황에 따라 다양할 것이라 믿는다. 모두에게 다른 문제가 존재하고 다른 필요가 존재하기 때문이다.

공적으로 본다면 무엇인가 배울 수 있는 사람이 괜찮은 상사라고 생각한다. 지식을 배울 수 있는 상사와 선배는 좋은 선생님과 같다. 제갈량과 같이 다양한 해결책을 제시하는 사람이 곁에 있다면 참 좋지 않을까? 나는 제갈량 같은 참모가 있는 것이 더 좋다. 세종대왕이나 제갈량의 밑에서 일한다면 실력은 일취월장 발전하겠지만 과로사의 위험이 존재한다.

그래서 인격적으로 존경을 이끌어 내는 품격 있는 사람이 더 끌린다. 그 이유는 품격 있는 사람일 수록 마음의 공부와 지식의 공부가 높은 편이다. 학식만 높고 마음의 공부가 되지 않은 사람과는 오래 함께 하기 힘들다. 그 상태가 유지되는 것은 이익이 있기 때문이다. 이익으로 관계가 형성되면 상대방도 나를 동일한 관점으로 보기에 오래 할 수 없는 것이다. 삶이란 관점에서 일과 직업은 큰 부분이고 하고, 작은 부분이기도 하다. 일과 삶의 균형이 중요한 이유라면 삶은 더 크고 중요하지만 일은 삶의 기반이 되기 때문이다. 당장 중요하지만 삶에서도 지속적으로 유용한지 돌아야 보아야 하는 이유다.

일상을 돌아보면 상사들은 항상 요즘 애들은 열정과 투지가 부족하고, 예의가 없다고 이런저런 불만을 한다. 내가 사원일 때도 그랬고, 20여 년이 지나 내 세대로 이런 말을 한다. 이런 말을 들을 때마다 나는 스스로를 돌아보고, 그 말을 하는 사람에게 거울을 비춰주고 싶다. 청춘들은 도통 알 수 없는 '답 정 너' 하나 들고, 왕년에 하던 방식에 흥분하는 상사들이 불편하다. 특히 상사, 시니어에 대한 존경을 언급하는 분들을 볼 때, 나는 이렇게 생각을 한다. '존경 받고 싶다면, 존경 받을 짓을 하면 된다'고 말이다. 서로 한 단어, 한 문장을 통해서 같은 이해를 이끌어 내는 것이 시대의 상식이다. 남들에게 칭찬과 격려를 기대하는 청춘이라면 '주어진 일을 성실하게 수행하고, 실패를 통해 개선할 수 있는 학습 자세와 성공을 통한 꿈을 실현하려 노력하는 사람'이 되어 가는 것이 이상적일 것이다. 이렇게 말하면 일반적인 자기계발서처럼 도전해도 잘 안 되는 깊은 허무가 발생한다. 처음부터 잘하면 청춘을 신입사원으로 뽑지 않는다. 그 시기는 질풍노도의 사춘기처럼 모르는 것을 모른다고 답하고 끊임없이 물어야 한다. 이 과정이 정확하게 이해하고 배우는 자세다. 그리고 정말 힘들 때엔 그것을 솔직하게 이야기하고 다가갈 상사와 친구를 찾고 만들어 가는 것이다. 상사라고 이런 준비들이 되어 있을까요? 아니다. 서로 함께 만들어 가는 것이다. 인생 40~50년간 학습된 개인들의 호불호는 더 명확하다. 나이가 많다는 것이 마음이 넓어지는 전제조건이 된다는 상상은 나에게도 너에게도 잘 발생하지 않는다. 완숙함 이란 이럴 때 인내하고 잘 참는 것이 더 좋은 결과를 갖고 온다는 것을 이해 하기 때문이지 모든 어르신들이 마음이 넓기 때문은 아니다.

현실에서 발생하는 아쉬움이란 상사와 청춘들의 바람 그 자체다. 학창 시 절 내리 사랑이란 좋은 말처럼 먼저 다가서고, 베풀고, 아끼는 상사라면 그 방식의 차이를 떠나서 많은 사람들의 호감을 자아낼 것이다. 실력까지 겸비 하고 성과도 도출한다면 모두들 믿고 따른다. 누군가의 아픔을 들어주고, 누군가를 격려해주고, 스스로 모범(本)이 되려고 노력하는 사람, 그런 상사 의 품격이 있다면 존경도 함께 한다.

젊은 청춘들에게 세상의 파도가 어렵고 힘들더라도 해주고 싶은 말이 있 다. 이런 사람을 찾기보다 이런 사람이 되는 길을 시작하라는 것이다. 그것 이 좀 더 좋은 조직과 사회를 만들어가고 청춘들의 아이들이 성장했을 때 더 좋은 환경을 만들어 주는 방법이다. 이 과정이 본인의 삶에 좋은 결과를 이끌어 낸다. 선 순환 구조를 만드는 것이 모두가 잘 사는 방법이다. 남의 것 에 숟가락만 얹겠다는 방식으로는 절대 이룰 수 없다. 나도 40살이 한참 넘 은 후에야 배워서 남 주고, 남을 도와줘야 다시 내 삶에 타인들의 지지와 더 큰 도움이 다가온다는 것을 이해하게 됐다. 세계 시장에 물건을 내다 팔고 돈을 버는 것이 아니라 세계 있는 엄청나게 많은 문제 중 내가 종사하는 분 야의 문제를 내가 속한 기업을 통해서 풀어내는 해결사가 되는 것이다. 그 문제를 풀어 준 대가로 그들은 금전을 통한 보답을 하는 것이다. 스스로 의 미를 두어야 열정이 생긴다. 각자 모두 자신만의 열정을 담는 것을 만들어 타인의 좋은 예가 되는 것, 그것이 상사의 품격을 만들어 가는 것이다.

소제목처럼 세상에는 그렇지 않은 상사들도 많다. 그게 어느 날 나의 모습이 될 수도 있다. 타인에게 성인 군자의 모습을 기대하지만 모두 솔직해질 필요가 있다. 너도 나도 성인 군자가 아니며 감정의 기복이 있고, 기복에 따른 심사의 변화가 있는 사람이다. 부덕하거나 부도덕한 상사를 만난다면 나는 청춘들의 편에 서야 한다고 믿는다. 그들이 그것을 배우면 조직과 사회는 더욱 부덕하거나 부도덕해지기 때문이다. 40~60년 가까이 학습된 경험은 변화하기 힘들다. 상사들이 변하는 것을 기대하지 않는 이유고 그래야 변화가 왔을 때 더 큰 즐거움이 된다. 기대하기 보다는 나의 삶에 집중해서 영향을 주는 것이 좋은 전략이다.

얕은 수를 쓰는 사람일수록 말을 바꾸며, 잘 알지 못하며 허세 부리는 사람일수록 깊이 있는 한 마디 대신 장황한 소리를 하기 마련이다. 대답하는 자는 수동적이며, 질문하는 사람은 주도하는 사람이다. 사람이란 망각의 동물은 항상 기록 앞에 좌절한다. 그렇게 내일을 위한 희망을 만들어 가며, 사랑을 깊이 마음에 담아야 하는 그런 시절을 우리가 현재 살아가고 있다. 부덕한 상사를 대하는 방법이란 그리 어려운 것이 아니다.

1. 항상 그들의 말을 성실하게 기록한다.

2. 불분명한 지시는 이해가 될 때까지 질문하고, 확인한다. 부도덕한 지시에 대해서는 짜증이 날 때까지 묻고 또 물어 논리를 완성할 의지를 보인다.

3. 먼저 듣고, 대답하는 자세를 넘어 잘 듣고 질문하는 자세를 몸에 익힌

다. 잘 묻는 다는 것은 말 그대로를 이해하는 것과 의도와 생각을 추정하는 것, 행간의 의미를 이해하는 오감의 정보를 분석하는 것이다.

4. 문서는 항상 정갈하게 분류하여 정리하고, 언제든지 쉽게 찾을 수 있어야 한다. 이는 생각을 정리하는 기초 훈련이다.

이런 과정을 통해서 자신의 품격을 갖추고, 자신의 품격이 가꿔진 만큼 사람들의 시선과 기대를 받게 된다. 그렇게 상사의 품격은 만들어 가는 것이다. 부덕하거나 부도덕한 상사가 조금 불편할지라도 그런 범접할 수 없는 자세와 소신이 스스로를 보호하는 멋진 방패가 된다.

타인을 바라보되 에너지는 나를 위해서 써야 한다. 좋은 것을 통해서 긍정적인 학습을 하고, 나쁜 것을 통해서 부정적인 것의 결과에 대한 학습을 해야 한다. 재주는 화려해 보이지만 결국 성품을 넘어서지 못한다. 역량과 가다듬은 성품이 타인을 위해서 사용하지 못 한다면 성공은 어렵다. 긴 삶의 관점에서 역량이라고 부르는 능력은 필요하다. 하지만 사람을 포장하여 진열대에 올리면, 능력이 아닌 인품으로 사람의 가치가 결정된다.

일에 대한 나의 생각

지식이 축적되면, 척 보면 알아야 한다.

조직 생활에서 일에 대한 생각과 느낌은 다양하다. 부푼 꿈을 안고 도전하는 대상이 되기도 하고, 마지못해 월급을 받는 수단이 되기도 한다. '재미있으면 돈을 주고 나보고 하라고 하겠나'라는 생각을 하며 위안을 삼기도 한다.

중요한 것은 일이라는 결과가 나의 삶에 영향을 미친다는 것이다. 결정적인 시점에 '우리는 일을 지배하는가?', '일에 지배당하는가?'는 삶의 영전과 풍파를 결정한다. 대부분 이 결과에서 자유롭지 못하다. 먹고사니즘의 입장에서 나는 이를 자업자득이라는 믿는다. 어려서 아무리 누구 탓을 해봐야 내가 면책되는 것이 아니라 함께 망하는 길이다. 회사 일이 영화처럼 자신의 생명을 걸어야 하는 일은 아니지 않은가? 모두 내가 걸어 온 발자국이 있고 이것이 내 눈에 선명한 나의 삶의 무늬다. 그래서 모든 직장인은 갈등할 수 밖에 없다.

B to the D사이에 C가 존재하는 이유가 있다. 인생에서 공짜란 열심히 하는 과정에서 타인이 베푸는 덤이다. 그 과정은 반드시 목표라는 지향성을 갖고 있고, 이 지향성은 본인의 선택에서 출발한다. 주어진 일이기에 어쩔 수 없다는 볼멘 소리도 있지만, 그 일을 맡게 된 이유와 상황에 대한 이해가 필요하다. 서른을 넘어서 시키는 일이라 했다는 변명만큼이나 책임감 없고, 나태한 소리도 없다. 성인이 시킨다고 다 해야 한다고 생각한다면 아주 나태한 소리다. 어떤 것이 목표에 다가가는 올바른 방식인지 분별하지 않는 스스로의 가벼움을 탓해야 한다.

나는 조직에서 주어진 일을 쉽게 생각 한다. 주어진 규칙, 주어진 조건에서 내 마음대로 하는 것이 조직의 업무다. 네가 나의 머리에 들어올 수 없다는 것은 진실이다. 세부적인 사항을 시시콜콜 지시하는 것이 불가능하다. 그래서 리더와 관리자들은 목표라는 것을 여러 번 확인하고, 인식시키고 이를 위해서 동기를 부여하고 보상을 제시한다. 왜냐하면 같은 의미로 해석된 목표를 인지한 사람과 같은 말과 단어를 보고 해석이 다른 사람과 일을 할 때 결과가 다르기 때문이다. 원래 말이란 부족한 의사소통 수단이다. 우스개 소리로 '엘레강스하고, 스타일리쉬하게 장표를 바꿔봐'라는 말이 구체적으로 어떻게 하라는 것인지도 시키는 사람도, 하는 사람도 이해할 수가 없다. 프리젠테이션 자료의 목표와 그 사람과 함께한 시간을 통한 기대와 선호를 판단하는 것이다. 기업이 용어를 통일하고, 지시를 구체적으로 명확하게 하는 이유도 이런 목적이다. 이를 잘 이해하고 준비하지 않으면 청춘 시절엔 상사의 난해함과 변덕에 대한 깊은 성찰을 하고, 상사가 되어서는 청춘들의 아둔함과 그 다양성에 대한 탄식만 늘게 된다.

'딱 보면 몰라?'라는 말이 개그 프로그램에 나온다. 보통 5~7년정도 한 업종에 종사하면 베테랑이라는 소리를 들어야 한다. 업종의 전문성이 눈뜨는 시점이다. 단순하게 반복되는 업무는 짧은 시간에도 온몸으로 체득된다. 그리고 일상적인 일에서 엉뚱한 상황이 발생하면 우리는 무엇이 잘못되었는지를 빠르게 판단하고 확인한다. 반복의 과정이 경험의 축적으로 전환되고 분야의 지식이 된다. 그 차이를 빨리 이해하고 판단하는 이유다.

이 두 가지 상황은 결코 다른 일이 아니다. 이런 경험이 축적되어 지식과 지혜가 되는 것이다. 일의 시작은 할 것인가, 안 할 것인가의 선택이다. 이 결정이 어려운 것이기도 하고 그렇지 않기도 하다. 내가 한다는 결정이 갖고 오는 이익, 사람들의 기대와 평판, 자기가 추구하는 것과 부합하는 정도는 누구나 쉽게 이해한다. 그리고 내가 하지 않을 경우에 다가오는 불이익과 실망, 관계를 내가 감내할 수 있는가에 대한 판단은 모두들 쉽게 이해한다. 그 속에서 자신의 역할과 책임을 이해한다면 결정이 어려운 것은 아니다. 조직에서 어쩔 수 없지 주어지는 것은 기대와 음모가 존재할 때도 있다. 하지만 그런 상황에서도 어디까지 할 것인가, 어디까지 할 수 있는가에 대한 판단은 대단히 중요하다. 이것은 알고 시작하는 것이 되어야지, 시작하고 알아가면 거친 풍파를 거칠 수 밖에 없다. 일은 더디고 더 힘들어 지는 원인이다. 대부분 하라고 하면 '어디까지 하겠습니다'가 아니라 짧은 '네'로 끝난다. 그리고 나중에는 네가 시킨 것도 아니고, 내가 하고자 한 것도 아닌 상태에서 큰 소리가 난다. 질문을 허용하지 않는 경직된 문화가 세대를 넘어서 문제가 되는 것이다. 청춘들은 끊임없이 물어야 하는 권리를 포기해서는 안 된다.

대부분 이것도 하고 저것도 하고 동시에 다 해보자는 욕심이 있다. 시간의 장벽을 능력으로 극복하는 취지가 필요할 때도 있지만, 욕망과 실력은 별개의 사안이다. 실력을 무시한 욕망은 시간을 소진하고, 필요한 시간의 의사결정을 방해한다. 그 사이에 우리는 고뇌와 고민을 한다. 문제 해결의 관점에서 고민은 해결책이 아니다. 그런데 우린 그것을 오래 한다.

일의 시작이 결정된다면 어떻게 할 것인지를 판단해야 한다. 이것이 전략과 전술이다. 이 때에 필요한 것은 상황의 적확한 이해, 주도권을 확보하기 위해서 해야 할 항목을 우선순위에 따라 이해하는 것이다. 하고 싶은 것이 아니라 해야만 하는 것, 하고 싶은 것과 내가 현재 구현할 수 있는 실력, 내가 얻게 되는 것과 내가 포기하는 부분에 대한 판단, 내가 확보할 것과 내어 주어야 할 것에 대한 판단이 매우 중요하다. 이런 일이 사전 작업이며 전략을 기획하는 시작이다. '지피지기는 백전불태' 라는 말은, 현실을 냉정하게 직시하는 못하는 것이야 말로 스스로를 위태롭게 한다는 진리다.

적확하게 자신의 상황, 역할, 목표, 어떻게 할 것인지가 이해되었다면 이를 실행하고 결정하는 것은 쉬운 일이다. 하기 싫은 마음의 절제가 어려운 일이다. 현실에서 실행이 더딘 이유는 아이러니 하게도 스스로 시작의 이유와 목표 인식이 부족한 경우가 훨씬 많다. 내가 주도적으로 하는 것이 아니라 남이 시켜서 하는 단조롭고 귀찮은 것이라고 인식하기 때문이다. 단지 그것을 안 했을 때 나에게 기대되는 재앙만이 생각 날 뿐이다. 그 결과는 내가 이고 지고 안고 가야 하는 것이고 그렇게 해도 하루 정도 별일이 없으니 유혹에 휘말린다. 짧게 나의 역할과 책임에 대한 인식이 부족하다는 것이다. 내가 하는 일이 세상사람들에게 어떤 영향이 있는지 생각해 볼 필요가 있다. 왜를 잘 모르면 시킨 사람에게 납득이 갈 때까지 물어봐야 한다. 이를 보강하기 위해서 피라미드 구조로 조직을 구성하고 관리자를 세우는 이유다. 질문하는 사람을 혼 내거나 외면하는 사람은 잘 모르거나 직무에 성실하지 못한 사람이다. 특별한 이유 없이 화를 낸다면 인품도 떨어지는 사람이다.

왜 나는 시작하는 이유와 목표 인식이 부족한가?

이런 질문은 불편하다. 하지만 이런 근본적인 부분에 대해서 스스로를 돌아보는 것이 결국 더 좋은 삶을 쟁취하는 과정이다. 위에서 조직 구성원으로의 역할과 책임을 언급했다. 신입 사원을 제외하면, 나는 '척 보면 모른다'에 해당 하는 것이다. 해가 지나서 승진하는 것이 아니고, 역할과 책임을 잘 수행해야 지위가 높아지는 것이다. 나이를 먹으면 나이에 부합하는 행동이 요구되듯이, 조직에서는 주어진 지위와 직책에 맞는 경험, 지식, 실행력이 요구된다. 이것이 부족할 때에는 음주가무가 아니라 학습이란 과정이 필요하다. 많은 직장인들이 현업에서 배운 부분으로 자신의 한계를 긋는다. 학교는 커리큘럼이 있지만 인생은 스스로 만들어야 한다. 그래서 사람만큼 다양한 인생이 만들어 진다. 시간이 없는 것이 아니라 하기 싫거나 당장 재미있는 다른 것을 선택하는 것이다. 그리고 시간이 흐르고 사람들은 자신에게 혜택이 부족할 때 누구의 탓을 말하며 상처받은 시기를 넘긴다. 모 기자가 모든 대한민국 사람들이 IQ정전을 읽어야 한다는 말이 남의 말 같지 않다. 승진은 그 지위에서는 더 이상 할 일이 없거나 그 일은 대충해도 완성도가 높을 정도로 숙련도가 차고 넘칠 때 하는 것이다.

두 번째로는 모두 자신의 공을 쌓으려고 하기 때문이다. 선수가 코치가 되고, 감독이 되어간다. 감독이 선수로 뛰려는 것은 무모하고, 코치가 선수를 키울 수 없다는 것은 무능력함이다. 할 줄 아는 것이 없으면, 사람은 무모하고 무능력함에도 존재감을 위해서 하게 된다. 목표보다 자신의 사익과 과시가 더 중요하기 때문이다. 세 번째로 자신의 계발에 에너지를 쓰지 않고, 남을 폄하해서 쉽게 올라서려는 얄팍한 마음이 문제가 되는 경우다.

베테랑이란 내가 종사하는 분야의 전문가다. 전문가란 현업과 지식, 경험을 축적함으로써 능률과 효율을 만들어 내는 사람이다. 그 과정에 종사하는 업종의 지식과 인사이트가 축적되고, 스스로의 가치를 높이는 가장 현명한 길이 된다. 더 넓은 경영의 세계로 나아가는 것이다.

내가 축적한 경험, 기술이 더 이상 유효하지 않다는 것을 깨달았다는 것은 바로 내가 공부가 부족하다는 것을 인정해야 하는 시점이다. 그러나 대부분의 사람들은 새로운 지식을 통한 개선책을 찾기 보다 그날의 컨디션이 좋지 않아서, 누군가 도와주지 않아서라는 변명을 쏟아내기 바쁘다. 나쁘게 성장한 전문가는 그 이름을 통해서 안 되는 이유를 백과사전처럼 펼쳐내지만 형편없는 대책수립 능력을 보여준다. 이런 전문가가 세상에 엄청나게 많다. 과거 개울가 옆의 한국 최고 명문대를 나왔어도 2-30년이 지나서도 개울가 옆 시절에 안주한다면 어찌 할 수가 없다. 무명의 대학을 나와도 한 분야에서 10년 가까이 충실하게 자신의 분야를 갈고 닦는다면 그 삶의 경쟁력이 더 우수한 것이다. 대책을 수립할 수 없다면 전문가가 아니다. 전문가가 아니라는 것은 그도 알고 세상도 안다.

진정한 베테랑이란 일정 시간이 되면 내려 놓을 줄 알고, 사람을 육성하는 일을 할 줄 아는 사람이다. 사람을 키울 줄 모르는 사람이라면, 어떤 조직과 운영을 통찰하여 경영할 능력이 부족한 것이다. 부족한 사람이 운영하는 것을 탓할 것이 아니라 부족한 사람을 운영하는 자리에 앉히는 것이 더 부족한 결정이다. 경영자, 조직의 수장이 중요한 이유는 이것이다. 이 한계의 극복은 더 높은 수준의 일이며 실무 단위의 문제가 아니다. 그래서 더 큰 문제다.

일이란 순리에 맞게 돌아가는 것이 바람직한 것이고, 순리에 맞게 돌아가지 않는 미세한 차이를 찾아내는 것이 전문가가 되는 시작이다. 그 미세한 차이와 바람직한 방향과 간격을 좁히는 것이 변화에 대응하는 길이며 대책 수립 역량이다. 변화란 외부로부터 시작하지만, 결국 내가 선택하는 과정이다. 전문가의 초입은 지식을 쌓는 것으로 가능하겠지만, 그 이후는 지식의 축적을 통한 지혜를 쌓는 완성의 과정이 된다. 따라서 팀장이 된다는 것은 지식과 같이 세부적으로 가르치는 것을 넘어, 스스로 깨닫는 과정이다. 일이란 말보다 업(業)이란 말을 더 무겁게 생각해야 한다.

꿈이 직장인이었던 사람은 없다

당신의 꿈을 기억합니까?

어려서 꿈이 직장인이었다는 사람을 본 적이 없다. 다들 동경하던 직업과 분야, 대상이 있었을 것이다. 지금은 잊고 있던가, 실현했던가 아님 나처럼 어떤 꿈을 갖고 있었는지 잃어버렸던가? 잃어버린 꿈이 기억나지 않기에 한편 자유롭고 현재에 충실할지 모른다. 그래도 내가 배워온 것을 바탕으로 해외영업인의 길을 걸어가고 있으니 이 보다 큰 기쁨도 없다. 그러나 요즘 사람들을 만나며 청춘들에게 꿈을 묻지 말라고 한다. 면접 때 청춘의 꿈이 '취업'이라는 말은 내게 아주 큰 충격이었다. 어떻게든 내가 면접비를 챙겨 주려고 하는 이유다. 그들이 삶이 그들이 지향하는 방향으로 좀더 다가가길 응원하는 것이다.

경제 환경과 정치적 환경이 어수선하고, 전 세계적으로 잘되는 것이 별로 없는(사실 잘되는 것은 있다. 내가 연관이 없을 뿐) 환경에서 직장인이란 참 재미있는 존재다. 대중교통과 지하철에서 쏟아내는 수 많은 직장인을 보면 각자의 소중했던 꿈이 현실 속 일상으로 교환된 삶을 살고 있는가? 궁금하다. 그런 사람은 얼마나 될까? 이런 생각을 하면 측은지심의 대상이 바로 내가 된다. 다니면 나가고 싶고, 안 다니면 다니고 싶어 안달이 나는 직장은 그래서 항상 부산하다. 멀리서 보면 기계처럼 출퇴근하는 직장인의 무리가 처량하게 느껴질 때가 있다. 그 속을 나도 걷는다. 이런 생각이 들다가도 가까이 바라보는 사람들의 표정을 보면 참 다양하다. 채플린이 말한 멀리서 보면 희극과 가까이 보면 비극이라는 말과 조금 반대로도 볼 수 있다. 하늘이 참 좋아도 내 마음이 불편하면 "날씨는 왜 이렇게 좋은 거야?"라는 넋두리가 나오고, 날이 흐려도 내 마음이 즐거우면 모든 세상이 잘 어울려 보인다. 바라보는 마음이 중요한 것이다. 그 모든 사람이 소중한 존재이기 때문이다.

직장 생활을 막상 시작하면 되는 일은 없고, 이것저것 나를 가르치려는 사람들과 편하게 해주지 않는 환경을 마주한다. 도와 준다는 미명아래 상투를 잡아 돌리고, 편의를 제공하면 권리처럼 당연한 듯 요구를 한다. 예의가 없는 것이다. 모든 집안의 소중한 자식, 부모가 집밖에서 만들어가는 또 다른 모습이고, 직장이란 다양함이 갖은 단면이다. 막상 직장을 그만둘 처지가 되면 다들 또 서로 울고 짜는 평범한 소시민들이다. 먹고 사는 수단이란 매우 소중한 것이다. 옛날처럼 논이나 밭을 갈지 않기에 먹고 사는 수단은 직업이 되었다. 먹고 사는 것이 해결되지 않으면, 많은 어려운 일이 발생한다. 모두들 들어가려고 치열한 경쟁을 하고, 들어가면 못살겠다고 나가겠다는 고민을 하는 요지경이다. 언제든지 누군가 나를 모셔갈 수 있도록 스스로를 만들어 가야지, 자신의 위치에 대한 걱정이 삶의 불안으로 작동하는 상황에 몰려서는 안 된다는 생각을 갖고 있다. 걱정은 어떤 문제를 해결되지 않는 마음의 자위 행위일 뿐이다. 나는 노동 공급자이고 주도권을 확보해야 하고, 회사란 고객의 만족도를 신경 쓴다. 밥을 끊지는 못하지만, 언제나 그 곳에서 주는 밥을 먹어야만 살 수 있는 것은 아니다. 그것이 노동시장의 경쟁력이다. 경제활동을 한다면 자신의 가치를 어떻게 창출할 것인가를 고민해야 한다. 남들 다 하는 것은 기본이 되는 것이지 장점이 되지 않는다.

나도 직장이란 것에 대한 여러 가지 생각을 한다. 내 꿈이 잘 기억나지 않아도, 직장인이 꿈은 아니었으니까. 아이들에게도 공부 열심히 해서 좋은 대학 나와서 좋은 회사에 취업해서 잘 살라는 마나님과 논쟁이 많다. 조선시대 머슴과 직장인의 차이는 무엇인가? 영혼과 정신이 자유롭고 이를 유지할 수 있도록 살아갈 수 있는가가 이를 결정한다고 생각한다. 지금은 잘 알아듣지 못하겠지만 아이들에게 자신의 마음속에서 하고 싶은 것과 그것이 세상과 타인에게 기여하는 것에 잘 귀 기울여 보라고 말한다. 직장을 다니지 말라는 것이 아니다. 직장이란 형식보다 내가 갖은 꿈을 가꾸고 이루어 가는 것에 집중했으면 하는 바람이다. 왜냐하면 내가 그렇게 어려서부터 생각하지 못했기 때문이다. 공부를 잘 했던 마나님은 자식이 본인보다 공부 잘 해서 순탄한 삶을 바라고, 나는 내가 해보지 못한 욕망을 다시 아이들에 대한 바람이 된다. 그래도 그 바람을 아이들을 통해서 실현하는 것이 아니라 아이들이 결정하는데 영향을 주는 정도에 만족하려고 한다. 그것도 아이들의 독립적 삶이 때문이다. 우리는 모두 삶의 결핍을 채워가는 방향으로 움직이고, 내가 채우지 못한 것을 누군가 대신 채우길 바란다. 어쨌든 삶의 방식이라고 간주할 것인지 머슴으로 나를 정의할 것인지는 모두 내가 생각하고 선택하기 나름이고 그 결과를 받아들여야 한다.

직장이란 곳에서 이런 한가로운 생각이 든 나를 보는 것이 재미있다. 그런 현상을 받아들이고 또 한번 '피식' 웃고 해야 할 일을 한다. 꿈은 기억나지 않지만 내가 해야 할 것을 하고 싶은 방식으로 해야 한다. 가끔 잃어버린 꿈이 생각나지 않지만 작은 바람도 생겼다. 그러다 회사에 대한 풍경을 생각하며, 다이어리에 낙서를 하게 된다.

1. 재미있으면 본인이 하지 돈 주고 시키겠니?

2. 내 꺼 아니다(언제 한번 말해보고 싶다)

3. 주인에겐 주인 정신, 나는 직원 정신

4. 해도 지랄 안 해도 지랄 하면 더 지랄

5. 정말 죽을 놈은 말없이 누워있다. 재잘재잘 죽겠다고 떠들 힘이 있는 사람에겐 업무를!!

6. 되면 더하라고 난리, 안되면 해오라고 난리, 정작 시키는 사람은 대체 '내용을 아나 할 줄을 아나?'

7. 망하는 묘한 재주를 갖은 자에게 열심히 하라고 동기 부여를 하니, 망하는 기술을 더욱 고도화 해서 더 빨리 망친다. 아놔!

8. 성공은 모두가 나를 도와야만 한다. 도움을 얻는 것이 힘들어서 그렇지

9. 망하는 것은 묘한 기운 속에 공통점이 있다. 성공은 알 수가 없다, 안다면 알려 주겠니?

10. 시킬 땐 명인 9단, 할 때는 18급

11. 공무원은 9급부터, 회사는 18급부터

12. 이솝 우화가 가물가물 하다. 회사에서 언제부터인가 실사 드라마가 돌아간다. 회의에 가면 사마천의 사기열전도 연재된다. 왜 인문학이 열풍인지 잘 이해하게 된다.

13. 경천동지할 일을 몇 번 겪으면 잘 놀라지도 않는 감정 일탈이 발생한다

14. 삽의 신은 강만 파지만, 삽 만한 숟가락을 들고 다니는 사람은 남김없이 퍼간다. 없는 정도가 아니다.

15. '안 봐도 비디오지!'라고 말하는 자는 그것과 연관된 엄청난 고난을 거

쳤을 가능성이 있다. 그렇게 속속들이 알 수가 없다. 실패가 왜 어머니인지 알겠지?

16. 질문을 하면 답을 안하고 설명을 한다. Yes or No라고! 그런데 질문하는 자는 피해자. 말리게 되어 있다.

17. 제일 나쁘게 사람을 못살게 구는 방식은 "그래서", "그런데"의 무한 루프다. 조금만 지나면 깊은 빡침이 단시간에 솟구친다.

18. 잘 모르는 자는 횡설수설하며 오솔길 따라 배를 짊어지고 정상으로 간다. 무지한 자들이 완장을 차면 배보다 먼저 정상으로 순간이동 해서 배를 끌어 올린다. 대단해요.

19. 배를 띄우기 전에 참가해야 한다. 배를 띄우고 나서 참가하면 바닥만 열심히 닦게 된다.

20. 항상 책임을 강조하면서 결론은 네가 책임을 지라는 사람은 책임을 다 하는 것이 아니라 책임을 안지는 어둠의 기술을 공부하는 사람이다. 모든 일에 '내가 가르쳐 주지! 내가 잘 알지!'라는 말을 달고 사는 사람이 회사에서 제일 무식한 사람과 동일한 경우가 많은 이유다.

이런 생각을 하면 재미있다. 조금 지나면 현실과 이상이 좁혀지지 않기에 허탈해진다. 나도 인생의 밀린 숙제를 늦게 시작한 편이다. 좀 더 젊었을 때 독서를 했다면 하는 아쉬움도 있지만 늦게 나마 시작한 건 다행이라고 생각한다. 30대에 최소한 자신의 나이만큼 한 해마다 책을 읽어 간다면 삶은 더 풍요롭게 변화했을 것이다. 어떤 책이 중요한 것이 아니라 어느 책에서 무엇을 배웠는가가 중요하다. 이 과정을 조금만 보내면 어떤 책이 나의 삶에 도움이 되는지는 말하지 않아도 알게 된다. 조금 지나면 타인이 알고, 오래 지나면 내가 안다. 그 변화가 자신의 이상과 현실의 간격을 줄이는 황금 열쇠다. 조금 달라진 희망과 꿈이라도 현실로 갖고 올 수 있는 능력이 생긴다면 삶은 활기가 돈다. 활기는 나를 긍정적이고 역동적으로 만들어 간다.

 직장이란 식민지를 살아가는 노예가 아니라, 직장이라는 조직에서 사람들과 더불어 훨씬 재미있고 활기차게 살아가는 것은 모두 자신의 손에 달린 일이다. 이를 통해서 직장이 나의 모든 꿈을 잠식하는 일이 발생하지 않는다. 자신의 마음속에서 들려오는 이야기에 귀를 기울여 듣고, 잘 판단하고, 스스로를 넘어서는 것이 삶의 중요한 덕목이다. 꿈을 잘 돌아봐야 하는 이유는 그것이 희망 엔진이기 때문이다. 직장인이 꿈은 아니었지만 직장인이라 삶의 과정이 자신의 꿈에 다가가는 기반이 되길 바란다.

성과 보상의 경험

중견기업, 중소기업, 대기업, 외국 회사

이런 다양한 경험이 좋다 나쁘다라고 정의하기 어렵다. 한 가지 확실한 것은 삶이 파란만장해지고, 그것이 붙임을 만들기에 내 주변의 소중한 사람들이 별로 좋아하지 않는다. 사람들은 안정을 좋아한다.

성과 연봉제와 저 성과자 퇴출이란 주제가 노동 유연성과 고용 안정성이란 두 가지 측면에서 첨예하게 대립하고 있다. 그만큼 우리 사회가 일본과 일정한 간격을 같고 유사한 결과가 도래할 것이라는 불안감이 존재한다. 우리는 일본처럼 원천기술의 확보라는 비교우위가 뒤쳐진다. 서구 기업들과 비교하면 교육 시스템, 인재 육성 시스템은 개인들에게 맡겨진 듯 보인다. 시스템적으로 창의력이 발현되기 여의치 않은 환경이다. 어려운 환경이 도래하고 경쟁은 치열해지고, 이 과정에서 성과보상이란 당근 정책은 궁여지책이자 미래정책으로 활용된다. 이런저런 경험상, 중소기업, 중견기업, 대기업, 외국인 회사를 돌아보면 성과보상 프로그램과 그 결과는 참으로 다양하다. 내 경험으로 청춘들의 희망과 현실이 잘 동기화 되었다고 생각하지 않는다. 블로그에 퇴직과 퇴사, 이직이 많은 이유도 그런 이유가 아닐까 생각한다.

Start-up이나 벤처기업의 경우에 성과 보상이란 경영자(실질적으로는 소유자)의 의지에 따라 결정되는 경우가 많다. 규모에 따라 복지 수준도 경영자의 여력과 가치관에 더 많은 영향을 받는다. 가장 큰 금전적 혜택이라면 IPO를 기대하는 경우지만 우리 나라의 기업인들의 기업 철학은 서구에 비해 대단히 낮다. 아직 우리 나라의 수준과 업 철학은 문화의 수준을 대변하는 지표이다.

내 경험을 바탕으로 바라보면 해외영업이란 직종 때문에 상대적인 혜택은 더 받았다고 생각한다. 하지만 열정을 동기 부여하는 것이 돈이 아니다. 대부분이 동일한 목표로 함께 일한다는 소속감, 성취감이 더 많은 성과를 도출한다. 다른 부분은 젊은 시절이기에 스스로의 도전과 열정을 통한 만족이 자신의 성과에 더 많은 영향을 미쳤다.

중견기업은 시스템이 확보되기 시작하고, 복지제도가 점진적으로 기업의 성장에 따라 준비된다. 이를 제도로 일관성 있게 운영하는 기업보다는 단발적인 포상 형태의 운영이 많다. 포상의 형태는 통상적으로 받는 급여와 기대 대비 더 큰 성과가 발생할 때 경우에 진행한다. 그 결정 기준이 사실 투명하지 않은 경우가 많다. 결국 경영진과 최고 경영자의 판단에 의해서 진행됨으로 개인의 성과가 일부 도출될 수 있지만, 조직문화에서는 상대적 박탈감을 도출하는 경우도 많다. 세상은 재주 많은 사람을 시기하지, 아주 좋아한다고 보기 어렵다. 옳고 그름을 지향하지만, 호(好)와 불호(不好)가 우선하는 한계도 있다.

일관성을 확보하기 위해서 기준을 세우고, 적지만 꾸준하게 유지하는 기업의 성과가 좋다. 조직 문화에도 훨씬 긍정적인 영향을 준다. 이는 심판이 유사한 경우에 다른 판정을 함으로 선수와 관중에게 환호와 비난을 스스로 야기하는 것을 방지하고 신뢰를 확보하는 것이기 때문이다.

무엇보다 중견기업은 경험상 일관되게 추진되기보다는 그때그때 필요한 부분에 당근을 제시하는 단편적인 경우가 많다. 내 관점에서는 업의 철학과 깊이를 더하고 이런 비전을 통해서 직원들을 동기부여 하는 것, 그리고 그 성과를 급여에 반영하는 것이 필요하다고 생각한다.

대기업의 경우는 상당히 체계적이고 일관되게 최소한의 기준을 보유하고 있다. 최종 성과와 인센티브의 규모를 사전 예측 결정하기도 한다. 무엇보다 중소기업, 중견기업보다 좋은 부분은 기본적인 회사생활 속에서 제공되는 편의와 복지라고 생각한다. 다만 업무량은 시스템의 규모가 큰 만큼 많다. 중소기업, 중견기업이 기업의 전반을 다 체험할 수 있는 곳이라면, 대기업은 시스템을 이해하고 한 부분에 집중하는 체험을 하는 경향이 높았다.

대기업 내부의 다양한 혜택이 선호를 만들지만 금전적 보상이 만들어 내는 동기부여 지속성이 모든 일을 해결하지 못한다. 인간은 다양한 동기 요인에 따라 반응하기 때문이다. 그럼에도 정기적인 인센티브 기준도 잘 구성되어 있고, 기업이 필요할 때에는 비 정기 인센티브도 잘 운영된다. 운영이 꼭 준다는 것이 아니다.

나도 연봉의 20% 정도를 제안 받은 적이 있다. 퇴직을 보류하고 좀 더 근무한다는 조건이었다. 당장 다음 달 꽤 큰 금액을 받는 매력적인 제안이었다. 하지만 거부했다. 기업의 필요에 대한 반대급부지만 나의 선택과 결정이 더 중요하다고 생각했다.

가장 중요한 것은 노동력을 제공하고 기여하는 나의 결정이다. 내 삶을 burn-out 해야만 한다는 생각은 서글프다. 삶과 돈을 교환해야 하는 필요로 다가오지 않았기 때문이다. 그런 선택도 필요 할 수 있지만, 사람은 전기를 넣으면 계속 돌아가는 기계가 아니다.

기업의 시스템은 성과라는 지극히 단순한 목표를 지향하지만, 사람의 삶이란 다양한 가치를 추구하기에 인센티브에만 의존하는 방식은 한계에 봉

착할 수밖에 없다고 생각한다. 나의 경우가 그렇다. 사람을 아끼지 않는 조직은 오래가기 힘들고, 이익으로 뭉친 조직은 반드시 깨지게 되어 있다.

마지막으로 외국계 기업의 인센티브를 경험하면서 훨씬 합리적이고 인간의 심리를 잘 이해했다고 생각했다. 국내기업에서 해외영업은 특성상 한국시간과 영업지역 시간의 격차가 overtime work를 하는 요인이 된다. 우리나라의 기업과 조직에는 공산주의와 같은 획일적인 형평성을 주장하는 문화가 존재 한다. 남들이 9시에 출근하면 모두 그래야 한다. 나의 일은 오후 4시부터 밤 12시까지 진행되고, 아침과 낮에는 상대적으로 업무가 적은데 말이다. 탄력근무제가 도입되지 않는 이유는 의심하고 눈으로 봐야 믿기 때문이다. 전체주의적인 통일성을 강조할 때도 필요하지만 그것이 '항상'이 되면 피곤한 일이다. 네가 잘 해도 타인과의 형평성 때문에 혜택을 양보가 당연하고, 못 했을 때는 그 형평성이란 이름으로 혜택도 받는다. 자본주의의 꽃인 기업을 운영하는 부분에 사람을 고려해야 하지만 이런 애매모호한 그때 그때 다른 기준은 결국 조직을 하향 평준화한다.

하지만 외국계 기업의 경험에서는 무율과 같은 자유는 아니지만 2~3시간의 time-shift에 대한 유연성(하루 8시간근무)과 성과 책임제로 이를 보완한다. 해외영업 직무 특성상 놀던 말던 신경 쓰지 않지만, 목표 실적이란 결과로 냉정하게 판정한다. 협력해서 하는 부분과 독립적으로 하는 부분을 적절하게 구분하는 문화와 다 같이 나와서 노는지 일하는지 구분이 모호한 문화의 차이가 결국 시스템의 차이를 만들었다고 생각한다.

둘째 인센티브와 관련하여서는 훨씬 인간적인 고마움을 느끼게 하는 동기 부여 시스템이었다. 모든 기업이 그렇지는 않겠지만, 기본 급여와 인센티브의 구분이 명확하다. 기본 급여의 인상률은 낮다. 하지만 인센티브의 조건 시스템은 상당히 서로 납득할 만한 보상기준으로 운영되었다. 우리나라 기업은 고도성장을 맹신한다. 금년에 100을 하면 내년에는 120+@%를 목표로 잡는 게 일상사반사다. 심지어 100% 성장 목표도 다반사다. 직원의 입장에서 그 정도 실력이면 창업해서 사업하지 직원을 하겠는가? 인센티브는 실현 가능성이 없어 보이거나 내가 슈퍼 히어로가 되어야 가능한 경우가 허다하다. 이런 조건에서 미달성 해도 선심 쓰듯 주는 인센티브가 동기를 부여할 수 있을까?

직원은 '저걸 어떻게 하라는 거야, 경영진은 '이 정도면 미친 듯이 성과를 도출하겠지'라는 maximum의 기대를 담는다. 실제 이런 방식의 결과는 좋지 않고, 문화적으로도 경직된 조직을 만든다.

지금은 글을 보는 사람들과 유사한 조건에서 다시 일하지만, 인센티브를 신경 쓰지 않는다. 인상 쓰지 않고 즐겁게 일하는 것이 낫다고 생각한다. 과도한 금전적 욕심에 취해서 인상 쓰며 일희일비하며 일하는 방식이 나의 삶을 피폐하게 만들기 때문이다.

나의 비전과 기업의 목표를 alignment하고 이를 추구하는 것을 즐기는 방향이 나에게도 기업에게도 긍정적이다. 내가 다니던 외국 기업은 금년 실적의 80%부터 인센티브가 지급되었다. 기본급의 인상이 적은 이유는 상식적으로 계속 쉬지 않고 매년 고도 성장하는 기업은 없기 때문이다. 금년 실적과의 20% 차이가 기본적인 급여 인상을 대한 보완하는 형식이다. 반면 금년 실적 100%를 초과하는 부분에 대해서는 확실하게 net-profit기준 배분을 함으로 소속감을 더 끌었다고 생각한다. 우리나라에서는 어려운 문화라고 생각한다.

이 4가지 기업구조와 시스템에서 내 개인의 성과 결과는 외부 시장의 상황과 영향이 없을 수는 없지만 외국인기업, 중견기업, 중소기업, 대기업의 순서라고 생각한다. 내 개인의 만족도도 유사하다. 돈을 벌러 직장에 다니는데 왜 더 많은 기회와 금전적 보상이 존재하는 순서와 꼭 맞지 않을까? 내 성품과 연관이 있을지 모른다. 각자 자신을 잘 돌아봐야 하는 이유다.

사람이 일을 시작할 때, 일을 통해서 특정 분야에 종사하며 안정적인 삶의 터전을 만들어 가는 것을 목표로 한다. 돈을 벌러 나가는 것이 아니라 삶의 터전을 확보함으로 자본주의 사회에서 생존하기 위한 금전이란 수단을 얻어내는 것이다. 이런 작은 인식의 변화는 필요하다. 김훈의 '밥벌이의 지겨움'에서 말한 것처럼 밥을 끊지 못하니 밥벌이를 나가야 하는 수준, 그 냉엄한 현실을 마주하기 싫다면 말이다.

행동경제학처럼 사례를 실험하고 그 결과를 분석하지 않아도 된다. 우린 혐오하는 사람과 같이 무엇을 도모하지 않으며, 싫어하는 일을 먼저 가서 하지 않는다. 반면 집에 걸어가더라도 주머니에 남은 단돈 천 원을 누군가에 전해주고, 돈을 위해서가 아니라 누군가에게 도움을 주기 위해서 묵묵히 움직이기도 한다. 기업의 활동은 수익이 아니라 시장 참여자에게 도움을 주어야 반대급부로 수익을 얻어내는 활동이다. 행위와 결과를 어떻게 판단 하는가는 중요하다. 내 행동양식을 결정하기 때문이다.

더 많은 혜택을 주고, 더 많은 조건부 보상을 나에게 해주겠다는 인센티브가 나쁜가? 성과보상 논리가 잘못되었다고 생각하지 않는다. 하지만 그

조건을 실행하는 사람은 조건을 이해하는 머리로만 살아가는 것이 아니라 가슴속 쉬지 않고 뛰고 있는 심장이 있다는 것을 이해해야 한다. 무엇보다 그 조건만으로 너무 오랜 시간을 메여 산다는 것이 삶의 입장에서 얼마나 중요한지 각자 판단해 볼 일이다.

머리를 잃은 사람은 단지 정지할 뿐이지만, 따뜻한 심장을 잃은 사람은 괴물과 같다. 염치와 부끄러움을 알 지 못한다. 성과보상이란 양념이 삶에 활력을 주는 형태로 진행되길 기대한다.

사람이란 기계와 같은 삶을 강요 받지 않을 존엄성이 있고, 것을 선택한 자유의지가 있다. 그렇지 못한 시대를 살아간다는 것이 조금 서글플 뿐이지만 따뜻한 심장을 느끼고 공감하는 시대를 만들어 가는 이유가 된다. 매번 돈에 자신의 삶이 동기부여 된다면 삶의 입장에서 참 슬픈 일이다. 비록 부족해도 자신의 하고 싶은 것에 동기부여 받는 자유로운 사람이고 싶다.

Layoff

숫자는 줄여도 사람의 가치를 줄여서는 안 된다

IMF, 금융위기 때에 보았듯 기업은 하루아침에도 사라진다. 기업의 부침에 따라 종사하는 모든 노동자들도 영향을 받는다. 삶의 모든 것을 기업의 입장에서 바라보던, 삶의 입장에서 기업을 바라보던 모두에게 중대한 사건이다.

기업의 대표와 경영자가 존경 받는 이유는 업을 통해서 사람들이 살아가도록 한다는 단 하나의 이유다. 공자님도 먹고 사는 것을 해결한 연후에 예의를 안다고 하였고, 자본주의 시대에 먹고 사는 것을 해결하기 위한 수단을 제공하기 때문이다.

기업은 누군가의 말처럼 20세기에 출현한 신흥 종교와 같다. 그런데 이 새로운 종교는 사람을 달달 볶는다. 왜냐하면 계약으로 이루어진 관계이고, 그 관계는 법률, 제도, 사규, 근로기준법과 같은 천박한 법률 기준으로 관리된다. 최소한을 규정하지 최대한을 규정하지 않기 때문이다. 과거의 인정이 효율이란 이름으로 사라지는 것이 일정 부분 이해되지만 과도한 효율은 사람을 상하게 한다.

모든 인간은 그 존재만으로도 소중한 가치를 갖고 있다고 배웠다. 그리고 그럴 것이라고 믿는다. 삶이란 직장에서 하는 한 가지 일만으로 평가할 수 없는 엄청난 가능성과 소중한 잠재력을 내포한다. 불경기가 지속되고, 연일 나오는 불확실한 미래 예측이 각 개인과 기업들 모두에게 여유를 없애고 있다. 그 속에서 사람들의 다양한 행동과 반응, 걸어온 길을 되돌릴 수 없는 아쉬움, 합종연횡, 비겁함, 용기가 혼재되어 소란스럽다.

나는 Layoff가 꼭 나쁘다고 생각하지 않는다. 잭 월치의 말처럼 그들이 더 좋은 삶의 기회를 찾아갈 수 있는 기회라는 정의에 반대하지 않는다. 단 그 현실성과 대책 수립 능력에 대한 비판이 필요하다. 우리나라 부가가치 창출이 10대 재벌을 통해서 76% 이상이 움직이고, 고용은 3.6%라는 일본 텔레비전 분석을 보면 여기가 곧 영화 매트릭스다. 현실에서 발생하는 불편함은 둘러봐도 네오는 없다는 것이다. 아니 아무도 네오 역할을 하고 싶지 않은 것이다. 우리나라는 유연한 노동시장이나 새로운 시작을 돕는 시스템이 부족하다. 모두 개인역량으로 해결해야 한다. 그 역량이 부족한 것이 실력이지만 그것 때문에 인간의 참된 가치까지 낮게 폄하될 이유는 없다. 나태함을 비난할 수 있지만 그 사람 자체를 부정해서는 안 된다. 그들이 다시 돌아올 기회를 제공하는 데 아주 인색한 사회다. 낙인이란 문화는 이를 더욱 힘들게 한다.

나도 layoff의 현장을 목격 했다. 내가 그 대상이었던 적은 없지만 이런 상황은 팀을 운영하는 입장에서 큰 고민이 될 수 밖에 없다. 가능성이 있는 포괄적 대상들에게 사전에 준비와 대책을 세워 보기도 했다. 그 결과가 항상 기대했던 결과만은 아니다.

전체의 방향과 생존이란 명제에서 나 스스로도 자유롭지 않다. 언제든지 가방만 들고 퇴근하며 남겨둔 것이 없으니, 내일은 가지 않을 수 있다고 상상해 보기도 한다. 미래는 언제나 알 수 없기에 불안하다. 누군가 나보다 뛰어난 사람이 내 자리를 요구할 때 cool하게 내줄 수 있어야 한다고 생각한다. 영업은 기세가 꺾이면 죽는다. 자존심, 가오, 폼생폼사라 불러도 좋다. 하지만 속마음은 이를 통해서 자신을 끊임없이 자만하지 않도록 하는 것이다. 비굴하지 않기 위한 자존심이지만, 세상을 살아오며 비굴함을 참으면 이익을 얻는 다는 사실도 안다. 그 선택의 장에 들어서지 않기 위해서 부단히 노력한다. 나의 삶에 쪽 팔리지 않기 위해서다.

나는 성과가 부족한 결과만 갖고 판단한다 것이 부족한 방식이라고 생각한다. 그 성과가 부족한 원인을 깊이 있게 파악하지 않는 이유와 타인의 성과에 기여한 부분을 살펴보는 것이 개선해야 하는 방향이다. 아직도 나는 나보다 더 일 잘 하는 사람, 나와 같은 역량이지만 비용이 적은 사람에게 서슴없이 자리를 내 줄 수 있어야 한다고 다짐한다. 이것이 자가발전과 스스로에게 하는 동기부여다.

저 성과를 내는 이유가 자신의 문제인 경우가 많다. 마이클 샌들의 강의에서 표류하는 배의 선원과 생존의 결과에 대한 질문이 이 시대를 살아가는 직장인들에게도 짚어볼 화두라고 생각한다. 안도보다는 인간 자체의 존엄이 훼손된다는 생각에 세상이 슬프게 보인다.

다른 비판적인 시각도 있다. 지시한 자들의 책임이 지시 사항을 수행한 사람들보다 절대로 작지 않다. 뉴스에 나오는 대형 사건을 봐도 그렇다. 수행한 사람들이 그 업무를 수행하기 위해서 필요한 재원과 지원을 적절하게 받지 못했다면 이를 관리하는 사람의 책임이 더욱 크다.

함께 프로세스 속에 일을 한다. 이런 환경에서 참된 리더의 모습은 건전한 조직문화와 높은 성과를 위해서도 대단히 중요하다. 모두가 알고 있다. 그런데 이 세상에는 도장 들고 노닥거리고, 완장만 있으면 리더라는 생각을 갖은 사람들도 많다. 그 속에서 많은 대다수가 좌절을 한다. 삶으로 보면 그런 낮은 품격이 존경을 얻을 수 없다. 세상이 공평하다는 말에 '지금'이라는 없어 아쉽다.

정신 승리법이라 말해도 좋다. 사람의 높은 품격에 기반한 역량은 반드시 이런 낮은 수준의 것을 이긴다. 문제는 시간이 걸린다는 것이다. 왜냐하면 실력의 수준 때문이다. 세상의 정의가 휘청거리는 것도 정의를 구현할 실력이 부족하기 때문인 것이다.

사람들은 누군가 책임질 사람이 생기면 확증편향적으로 과거를 왜곡하고 잊어버린다. 아니 잊으려고 노력한다. 그들도 청춘을 불살라 열심히 살아온 것이다. 잠시 방황했던 것으로 치르는 대가는 너무나 크다.

우리가 살고 있는 곳의 시스템이 내리막을 달리는 사람에게 손을 내밀지 않는다. 현실에서 누군가 나가면 문은 재빠르게 닫힌다. 그 야박함과 그럼에도 성실하지 못한 사람들 모두를 보면 '작작 좀 하자!'라는 생각이 든다.

여기저기 어려운 형편이지만 이럴 때 타인들의 일자리를 알아보기 위해서 전화를 돌려본다. 그들도 모두 사랑 받는 자식이며, 소중한 부모이며, 세상의 구성원이다. 또 내 삶의 부분을 채워준 소중한 사람이다. 단지 자신들의 생계를 책임지는 일에 잠시 소홀했을 수 있지만 말이다. 삶의 슬픔은 안타깝지만 또 슬픔이 있기에 기쁨이 있는 것이라고 생각한다.

Layoff의 과정에 숫자 놀이와 같은 기계적인 판단에 높은 공정성이 필요하다. 투명성과 공정성의 부족은 분란의 원인이 된다. 인간이 어떤 일을 처리하는 방식은 신의 방식과 다르다. 결과와 결과에 대한 합당한 이유와 명분이 있어야 한다. 이런 과정 속에도 최소한은 사람에 대한 예의다.

직장을 떠나는 대부분의 사람이 같은 업종과 직종에 종사한다. 형편없고,

사람의 품격이 수준 이하라 앞으로 만날 계획이 없다고 생각해도 잘 떠나보내야 한다. 왜냐하면 그가 존재만으로도 가치를 증명하는 사람이기 때문이다. 또 사람은 변하기도 하고 반드시 만나게 된다.

동양 인문 고전이 뿜어내는 3천 년의 기록을 보면 인간의 다양한 행동양식이 크게 변하지 않았음을 알게 된다. 변한 것이란 인간의 지혜가 합쳐져 만들어낸 문명이란 것이다. 인간의 사고 체계는 상황에 따라서 다양하게 변화하는 것이지, 인간의 사고 체계의 본질이 시대가 변한다고 변하는 것은 아니다. 사기를 읽다 보면 그 때나 지금이나 사람들이 머리 굴리는 방식은 변함없다. 사무실의 사람을 알고 싶다면 사기 열전은 참 좋은 교과서가 될 수 있다.

그래서 오늘도 잠시 내 곁을 떠나간 사람들도 예의를 잘 알 수 있는 환경을 유지하며 살아가길 마음 깊이 기원한다. 남은 자들의 책임이란 또 누군가 다시 다가올 수 있는 환경을 만들기 위해서 노력하고, 더 희망찬 회사와 사회를 만들어 가는데 작은 손을 하나 더 하는 것이다. 열심히 일하는 이유가 급여와 인센티브를 받기 위해서가 아니라 소중한 사람들을 대신하고 또 소중한 동료들과 함께 하기 위해서라는 작은 생각이다. 슬픔을 품고 간직함으로 다시 새롭게 시작하는 동력을 만들어 간다.

멀리서 보면 희극, 가까이 보면 비극

3인칭 관찰자 시점으로 본 종무식 날 인사발령

종무식에 못다한 하계휴가를 즐기다 중요한 업체와 미팅으로 사무실에 들렀다. 종무식이기도 하고 팀원들에게 다가오는 새해와 한 해를 보내는 마무리 인사도 해야 하지 않은가? 사람들에 대한 예의라고 생각했다.

어차피 병신년은 가고 있다. 요즘 병신년에 병신 안된 게 천만다행이지 하는 마음가짐이 나를 훨씬 자유롭게 한다. 누군가는 어린이가 들어 있다고 하고, 철이 없다고 하고, 긍정적이라고 한다.

두 번째 질풍노도의 시기를 광속 주파하는 '팔춘기'라고 후배들이 놀린다. 조합하면 '팔춘기 어른이'다. 내 생각에는 40춘기가 맞다. 그런데 꼭 '팔춘기'라고 한다. 나의 팔춘기도 얼마 안 남았다. 팔춘기 초입의 후배들에게 "어머~ 너의 팔춘기를 기대한다~~"라는 농담은 꼭 날려준다. 어쨌든 쉴 때는 쉬어야 한다. 나는 기계가 아니기 때문이고 30대 청춘처럼 움직이면 반드시 부작용이 생기고 우리 아이처럼 움직이면 누워야 한다.

며칠 안 본 사이인데도 많은 사람들이 찾거나 반긴다. '저 녀석은 왜 휴일에 나와서 민폐야?'하며 잔소리도 하고, 떡 본 김에 제사 지내려 일을 갖고 온다. 웃음과 농담을 던지면 빠르게 지나치기도 한다. 내가 해야 할 일이라고 판단되는 일을 할 뿐이다. 휴가 중에 공지된 팀장 간담회에 참석하지 않은 것도 포함된다. 나는 회사에 고용된 것이라고 남들이 말하지만, 내가 회사라는 고객에 노동력을 제공하는 주체적인 공급자, 갑이라고 주장한다. 나는 후자의 삶을 살고자 하기 때문이다. '팔춘기가 맞나 봐?' 하는 생각할 때가 있다.

생각과 현실은 항상 같은 것은 아니다. 미팅 때문에 돌아다니다 사장님과 외길에서 조우했다. "너 때문에 내가 한번 더 하는 거야!"라 말씀과 간담회 내용을 압축적으로 들려 주신다. 오늘도 휴가라는 변명은 처음 부터 고려 대상이 아니다. 그 뜻이란 "1척이라도 나가서 싸워야 할 때는 끌고 나가서 맞서라는~" 말씀으로 이해했다. 솔직히 사장님보다는 업의 선배가 주는 지혜와 충고로 다가 올 때가 많다. 큰 배려라고 생각하고 나도 젊은 청춘들에게 그렇게 살아가야지 라는 생각이 든다. 이런 생각이 들다 갑자기 '이순신은 나가고 싶었겠어?' 노를 젓는 사병은 분명 '젬마 저 또 나간다. 환장하겠네'라는 말도 했을 법 하다는 생각이 들었다.

계단을 내려오는데 호사가들의 전언이 넘실거린다. 다양한 감탄사가 입으로 손으로 전해진다. 종무식 날 뭔 일이 있겠어? 병신년 마지막 날 누가 병신이 된 것도 아니고 하는 생각했다. 인사발령이 공지 됐단다.

나는 직책과 직급에 크게 관심이 없다. 권한이 없어서 일을 안 하는 것은 그야말로 핑계다. 그런 사람은 시간이 없어서 못한다는 변명과 같다. 권한이 있어도, 시간이 있어도 하지 않는다. 권한은 성과를 통해서 쟁취하는 것이다. 어떤 성과를 내고 타인이 그 역량을 인정한다면 하기 싫어도 그 일을 시키게 되어 있는 것이 인간 사회다.

목적으로 직책과 직급을 추구하면 내 스스로 초라하고, 손금 없는 자의 모임에서 받는 유혹을 뿌리치지 못하기 때문이다. 내가 종사하는 분야, 나의 업에서 전문가를 추구하는 것이 낫다고 생각하는 이유다.

이런 삶은 자세는 세속적으로 쫒는 물질적인 사항은 오기도 하고 안 오기도 한다. 급여는 세속적이지만 세속에 살기에 관심보다는 관리는 해야 한다.

왜냐하면 생활이란 부분, 나를 외형적으로 평가하는 작은 부분인 동시에 가족의 안정을 만드는 기초사항이다. 또 나눔을 조금이라고 할 수 있기 때문이다.

그룹웨어 접속도 귀찮아 직원들의 노트북을 통해서 발령을 봤다. 내용을 보니 작년과 다른 파격이 있다. 팔춘기와 상관이 없지만 변화의 시작이다. 동시에 생각하는 범위에 있기에 크게 놀라지는 않았다. 그렇지만 발령이란 빛과 그림자에서 전혀 자유롭지 않은 구도다. 만족스럽지 않지만 나빠진 것은 아니다. 3인칭 관찰자 시점에서 편하게 바라보면 생각해 보았다.

앞으로 그려질 새로운 구도에서는 1인칭 시점으로도 플랜A, B, C를 생각해야 한다. 조금 물러서서 보고 해도 늦지 않는다. 어떤 부분에서는 '전생에 내가 단군할아버지를 구타했음에 틀림없다'라는 생각이 들기도 하지만 세계 시장과 고객들의 예측 불가능한 상황을 분석하는 것보다 쉽고도 어렵다. 변화가 어려운 것이 아니라 변화가 만들어 내는 상황이 익숙하지 않은 것이다. 척 보면 알기 위한 정보력과 판단력을 갖춰야 하는 해외영업 인이 인사 발령을 갖고 기절초풍을 해서야 말이 되겠나? 그래도 심적으로 부담이나 걱정에서 자유로운 것은 아니다.

Alignment가 조직에서는 중요하다. 인사 발령지는 일종의 Alignment가 실행되는 매뉴얼과 같다. 중요한 것은 Alignment의 방향(vision)이 타당한 것인가의 문제다. 그런 점에서 조금 나아졌다는 생각도 한다. 이는 조직의 관점과 조직의 구성원의 입장이다. 그리고 어디에서나 새해를 준비하는 과정에서는 필요하다. 이를 통해서 방향성을 읽을 수 있어서 좋고, 그 결정을 한 사람의 수준과 목적도 이해할 수 있는 것이다.

하지만 각자의 인생들을 본다면 다르다. 승진에 대한 축하와 함께 직위해제나 면직 등 실질적 강등을 의미하는 인사발령도 포함되어 있다. 과거엔 어떤 부분에 분노하고, 그 감정이 적대적으로 표출되던 시절도 있었다. 지금은 다르다. 그렇게 되고 싶지도 않고 그럴 수준도 아니다. 그들의 공적인 업무와 관련된 행동에 대한 시시비비와 옳고 그름, 비판적 시각은 있다. 하지만 바람직하지 못한 사람 자체를 미워하려고 하지는 않는다.

사는 방식이 다르고, 그 안목과 시야의 수준과 방향이 다른 경우가 많다. 가끔 옳지 못한 일도 있을 것이다. 그렇지만 사적인 따뜻함과 배려는 인간에게 언제나 필요하다. 의견 충돌이 많았지만, 한 분께 새해 인사와 위로의 말씀을 전했다. 인생사 새옹지마라는 cool한 말씀이 나에 대한 큰 배려고 또 스스로를 돌아보게도 한다. 따뜻하게 손을 잡는 또 다른 분의 체온이 업무와 다르게 다가오기도 한다. 인간이란 조직 속에서 살고, 관계에 따라서도 살아가지만 무엇보다 인간으로써 살아가는 것이다.

세상의 균형이란 그 속에 있다고 생각한다. 그것이 참으로 쉽지 않은 일이고 매일매일 새로운 일이 발생하는 이유다. 이런 희비극을 안고 새날을 또 살아내야 한다. 그들에게 자신들이 걸어온 발걸음을 돌아보고, 자신의 마음이 원하는 것을 하기 위한 행동이 필요할 때라고 말할 수도 있다. 하지만 이런 말은 때가 되었을 때 필요한 말이다. 지금은 모두에게 시간이 필요할 때가 되었다. 나는 그들이 너무 늦지 않게 다시 자신의 위치로 돌아오길 바란다. 지금은 그런 바람이 적절하지 않다고 할 수 있지만 내가 할 수 있는 최선이다. 직책과 직급, 지위라는 세속적인 부분보다 삶이란 큰 그림 위의 관점에서 말이다.

관리자가 된다는 것

처음엔 모두 초보 운전

관리라는 표현이 사람에게 적합한지 모르겠다. 이성적 접근을 통한 경영학의 관점에서 목표를 달성하기 위해서 조직을 운영하고, 사람들을 이끄는 모든 행위가 관리다. 직장인 대부분은 관리한다는 주체적인 환경보다 관리 당하는 느낌을 받고 산다.

'사축일기', '보람 따윈 됐으니 야근수당이나 주세요'라는 책처럼 우리는 좀 더 자유롭고 주체적인 직장인, 그 보다 사람답게 살고자 하는 바람을 강하게 느낀다. 나도 그렇다. 젊은 동료들의 의욕 관리를 위해서 읽고 사무실에 두는데 사실 책은 읽는 사람만 본다. 블로거들 사이에 하는 말이지만 책을 선물을 하는 것은 좋은 방식이 전혀 아니다. 읽는 사람에게 선물해야 좋다.

밥벌이의 수단이 된 기업과 조직이란 테두리를 맴도는 우리에게 관리라는 단어는 내가 하면 땡큐고, 내가 당하면 피곤하다는 생각을 한다. 이런 생각만 보아도 인간은 참 변덕스럽다.

관리의 대상이 사물이라면 쉽다. 대부분이 숫자를 세는 일이기 때문이다. 하지만 사람의 역할과 책임을 통해서 성과를 만들어야 하는 일이라면 이는 대단히 어렵다. 사람만큼 반응과 태도는 천차만별이다. 그래서 나는 관리라는 표현이 사람에게 적합하다고 생각하지 않는다. 사람을 계량화하기 어렵지만 리더십(Leadership)과 같은 단어들이 나타나는 이유가 이해된다.

해외영업팀장에게 관리란 나는 이렇게 생각한다. 누구에게 지시하고, 지시 사항을 확인한다고 생각하면 아주 낮은 수준의 관리라고 생각한다. 아무나 하는 관리는 기초다. 사업 목표를 보고, 전체 실적과 담당 실적을 보며,

실적을 달성을 확인하는 것은 쉽다. 전체의 목표아래에서 각 부분을 맡는 사람들이 자신이 세운 목표를 달성할 수 있도록 지원하고 도와주는 것이 더 어렵지만 중요한 일이다. 그 과정에서 사람들이 역량이 증진되고 더 큰 일을 할 수 있는 기틀을 만드는 것이다.

마소처럼 사람을 몰아 붙이기만 해서는 안 되는 것이다. 구성원 마다 문제가 다른데 한 가지 방법으로 성과를 도출 할 수 없다. 프로모션 자료를 잘 만드는 사람, 설명을 잘 하는 사람, 고객의 수주 관리와 내부 조율을 잘 하는 사람, 고객의 요청을 연구소와 잘 협의하는 사람, 협상을 잘 하는 사람과 같이 모두 장점이 다르다. 각각의 장점을 협력을 통해서 전체 팀의 역량을 발전시키는 것이다. 팀장의 역량, 경험, 지혜를 바탕으로 대신 해주는 것이 아니라 본(本)이 되어 그 사람이 더 발전하도록 유도하고 부족한 것을 채워주는 방향으로 해야 한다. 그들이 성장하도록 돕는 일이 내가 무엇인가를 도전할 여유를 만든다. 항상 시간에 쪼들리는 것을 보면, 나의 실천이 부족함을 느끼고 어떤 사람이 되어야 할지 생각해 본다.

1. 듣는 사람이자 새로운 방향을 열어주는 사고의 개척자

관리자라고 하면 지시하고 통제한다고 느낌을 준다. 이 부분도 목표라는 방향 때문에 중요하고 필요하다. 방향성을 함께 만들어가야 하기에 나를 믿도록 해야 하는 동시에 사람들의 이야기를 들어주고 좋은 의견은 받아들일 수 있어야 한다. 그들이 힘들고 어려운 부분을 이해하고 해결하고 도와줘야 함께 하는 방향이 열린다.

2. 잘 하는 것과 해야 하는 것의 균형을 맞추는 조율사

관리자의 인사권은 권력이다. 사람을 움직이는 힘이 있다. 하지만 사람이 따르는 것은 제한적이다. 권력이 갖고 있는 힘과 한계다. 우리가 평가를 하고 받는 이유는 그 사람이 잘하는 것과 그 사람에게 기대하는 것의 균형을 맞추기 위한 것이다.

무엇보다 내가 속한 조직이 하고자 하는 방향과 목표가 존재한다. 이를 팀 전체가 일치된 이해와 인식을 하도록 만들어야 한다. 결과적으로 평가하는 것을 통해서 하고 싶은 것과 할 수 있는 것, 피 평가자가 힘들고 어려워하는 것과 그 사람이 역량을 발휘할 수 있는 것의 균형을 적극적으로 찾아주고 보완해 주는 일이다. 그 결과가 성과로 이어지고. 공동의 목표가 달성되는 방향으로 균형점을 함께 움직여 가야 한다.

점수를 매기고 불이익과 이익을 주는 대상으로 보는 평가 관리는 충분치 않다. 직책의 역할과 책임에 그것이 가장 크지만 그것만으로 팀은 운영되지 않는다. 낮은 관리 수준이다.

3. 대답할 의무

나도 내가 다 맞는다고 생각하며 살았던 적이 있다. 지금도 내가 확실하고 논리적으로 입증하고, 이해하고, 수행할 수 있는 부분의 주장은 강하다. 과거와 조금 달라진 점이라면, 내가 듣는 이야기들 중에 허무맹랑한 것도 있지만, 다른 관점, 사사로운 마음으로 보는 좁은 견해, 하기 싫은 것을 못한다고 하는 소심한 변명 등을 참고 들어주는 인내력이 조금

늘었다. 다른 관점을 통해서 서로 배우고 안목을 넓히고, 공동체의 필요성과 헌신을 조금 더해주고, 하기 싫은 것을 대하며 해야만 하는 이유에 대한 공감대를 넓히거나 서로 목표를 위해서 더 효과적인 다른 부분을 함께 찾아주는 것이다. 또 배움을 주기 위해서 하는 것이 아니라면 내가 먼저 솔선수범을 해야 한다. 손이 많이 가고 귀찮을 때도 있다. 그러나 공헌과 기여를 통해서 베풀어서 받아야 한다. 그 과정에서 소중한 사람도 성장한다. 글 결과를 나중에 받는 것이 관리다.

과거에 나와 함께 일하는 팀원이 나와 같은 생각을 갖기를 바란 적이 있었다. 그런데 이렇게 조직을 이끌려고 하면 난리 법석이 난다. 팀원이 나처럼 일하기를 바라면, 더욱 큰 문제가 생긴다.

서로 다른 사람들이 모여서 똑같은 생각과 행동으로 통일하려는 노력은 조직을 망하게 하는 가장 빠른 방법이다. 종교활동에서도 불가능한 일이다. 사공이 많으면 배가 산으로 간다지만 이렇게 팀장 중심적 강요는 정상으로 순간이동 하는 확실한 방법이다.

업무와 사람을 대하며 한 가지로 방식만을 한정하지 말아야 하는 이유는 다른 좋은 생각을 얻을 기회를 상실하는 것이고, 그 가능성이 내가 아닌 타인에게 존재하기 때문이다. 고객과의 협의에서도 이런 태도는 대단히 중요하다. 다만 결정된 순간부터는 합의된 방식으로 움직이는 것이 조직력이다.

새로운 사람들이 들어오고, 새롭게 직책을 맡은 사람들과 그들의 고민을 듣는 자리가 있었다. 왜냐하면 내가 하고 싶은 대로만 하고 살기는 힘들다.

그 대상들이 나의 소중한 동료다. 이런 고민을 말하고 듣는 자리가 선임 관리자로써 즐겁다. 왜냐하면 그들이 조직의 위치, 역할, 책임과 같은 거창한 말로 표현하지 않아도 그 뜻과 의미를 잘 느끼기 시작하는 계기가 되기 때문이다.

관리자가 된다는 것은 타인의 행동과 말을 통해서 그들의 의도와 의미를 파악하고, 다시 나를 바라보는 것으로 돌아와야 한다. 불편한 소리가 나와도 왜 그럴까 생각해 보아야 한다. 내 마음속에서 솟아나는 이야기를 듣고, 다시 돌아보고 스스로 사사로운가? 목표에 부합하는가?라는 질문을 해 본다. 내 마음의 저울이 가장 정확하게 안다. 그들도 갖고 있는 마음의 저울이 잘 작동하도록 고민하고 노력할 것이다. 때에 맞춰 의사결정을 하는 과정에서 실수와 시행착오는 당연한 것이다.

이런 과정을 통해서 또한 좋은 관리자가 되어가려고 노력하고, 팀원들이 나보다 더 좋은 관리자가 되길 바란다. 나도 그렇게 조금씩 배워왔다. 부끄러워 말하지 못할 때는 있어도 부끄러웠던 일을 재현하는 것만큼 용감하지 않다.

모든 관리자는 의사 결정을 해야한다. 두렵고 책임회피를 위해서 의사결정을 하지 않는 사람이 가장 나쁜 관리자이고, 내가 해야만 하는 의사결정을 남에 미루는 사람은 비겁한 관리자들이다.

틀릴 수 있는 의사결정을 하는 사람이 낫다. 왜냐하면 그 사람은 의사결정을 하는 행위로써 새로움에 도전하고 발전할 수 있는 가능성을 보여주었기 때문이다. 항상 옳은 결정을 할 수는 없다. 옳은 결정을 더 많이 하기 위해서 우리는 함께 일하는 것이고 또 실패하고 배우는 것이다. 팀 단위 일에서 팀장은 회사의 결재 기준에 따라 의사결정을 하라고 자리를 내어 준 것이다. 그 일이 회사의 목표에 부합해야 하고 결정을 하지 않는 사람은 직무유기다.

직책과 시간

때, 장소, 사람의 삼위일체

내가 다니는 회사도 거래소 업체다. 그럼에도 사람 구하기가 보통 어려운 것이 아니다. 취업난과 별개로 만나는 사람마다 인력이 씨가 말랐다고 한다. 모두들 한 집안의 귀한 자식이고, 훌륭한 연인이자 배우자들이겠지만 특정한 필요에 따라 사람을 얻는 일은 쉬운 일이 아니다. 인사가 만사라는 말만 들어도 사람의 중요성은 더 말할 필요가 없다. 4차 산업혁명이 네트워크와 인공지능의 시대라 해도 사람의 필요성은 전혀 낮아지지 않았다. 삼고초려가 아니라 드래곤 볼을 모아서 용을 소환하는 것처럼 필요한 사람은 모셔와야 한다. 이런 자세로 임해도 중요한 사람은 모셔오기 힘들다.

장유유서와 연공서열의 기준이 약화되며 동시에 효과성과 능률성이 기업조직에서 지속적으로 강화되어 왔다. 계량화 표본이 새로운 기준이 되어 간다. 사회 조직에서 연공서열이란 부분은 인간미로 포장될 때가 있다. 그 이면에는 다양한 이유와 알 수 없는 사유를 고려한다. 나쁘다고 말할 수 없지만, 목표를 수행하는 데 지장이 없다는 전제가 있어야 한다. 나는 인사에 있어서 투명성이 가장 중요하고, 이 결과가 많은 사람들의 지지를 얻어야 한다고 생각한다.

사람은 기계가 아니며 감정은 이성을 앞도 한다. 동시에 모든 사람이 성인 군자가 아니다. 공과 사의 명확한 구분을 바탕으로 이런 투명성과 공감대의 균형이 확보되어야 한다. 사람과 관련된 일은 자로 선을 긋는 것처럼 하기 어렵지만 노력해야 한다. 그렇지 않으면 인사를 통해서 만사가 어지러워진다.

오랜 기간 함께 일했으면 하는 사람이 있다. 당장 필요에 의해서 인턴이나 청춘들을 뽑고 싶어도 전자업체, 제조업, 해외영업이란 조합은 인기가 없나 보다. 이렇게 미래의 동업자를 기다리는 아저씨들도 있지만 우리보다 곱고 아름답게 자라난 세대에게 무모가 기억하는 시절의 시스템적 사고를 강요하는 사회도 문제다. 우리 사회가 경직되고 노령화되는 예라고 생각한다. 20년 전만 해도 이 조합이면 특급은 아니어도 꽤 매력적인 업종과 직종이었는데 한국 사회의 발전만큼 변화된 현실이다.

우리 업종도 일본과 같이 업종 고령화 현상이 나타나는 중이다. 시쳇말로 과장급은 씨가 말랐다는 업계 지인들의 말과 청춘들의 높은 실업률을 보면 아이러니하고 가까이 가서 보면 나름 그들의 고민도 이해가 된다.

즉시 현장 투입이 가능한 팀장 수준의 인력이기 때문에 필요하다는 현실적 고민도 있지만, 그간 함께 하며 이 업종에서 걸어온 시간이 축적되어 있기 때문이다. "이 나이에 이렇게 불러줘서 고마워요"라는 말에 내가 더 고맙다는 답을 해줬다. 그리고 이제 함께 시작할 시간을 준비해야 한다는 것이 더 즐거운 일이고, 조직의 구성원들도 반겨주니 금상첨화라고 생각한다. 목표와 도전, 서로 함께 어울리며 쌓아갈 미래의 추억은 다시 노력해야 하지만 잠시간의 즐거움은 삶의 활력소가 된다. 그렇게 진행해도 다른 이유로 일은 틀어지기 쉽다. 이럴 때면 세상의 원수는 멀리 있는 것이 아니라는 생각을 한다.

나이가 있지만 매년 inquiry를 받았다. 지인들의 요청도 있지만 종종 뜬금없이 훅 들어오는 것은 나만이 갖는 즐거움이다. 누군가에게 필요의 대상이 되었다는 것만으로도 즐거운 일이다. 그래서 후배의 말이 무엇인지 잘 이해한다. 회사에 몸담고 일하는 것이 생활을 위해서 돈을 버는 과정이기도 하지만, 나와 함께 하기 위해서 우리 회사에 온 사람도 있고, 또 내가 어린 친구들에게 함께 이루고자 하는 바를 약속한 것도 있다. 그것이 더 좋은 조건이나 기업의 제안보다도 삶의 가치관으로 중요할 때가 있다. 이 나이에 재벌 될 일은 없다. 불가능하다. 아저씨가 '돈돈돈'하는 소리를 듣긴 해도 좀스럽게 똑같이 그러면서 살고 싶지도 않다.

행복의 80%는 돈과 관련되지 않은 일이고, 불행의 80%는 돈과 관련된 것이라는 말을 보면서 내가 갖고 있는 생각에 더 집중한다. 돈은 적절하게 있으면 된다. 분수에 넘는 부는 사람을 타락시키고, 분수에 미치지도 못하는 부는 비굴하게 참아 예의 없는 상태가 된다. 신경을 안 쓸 수도 없고, 그것만 신경 쓸 수도 없다.

사업본부의 동료들을 보면서 여러 가지 생각을 한다. 과거에 함께 일했던 동료들도 생각해 본다. 그들도 소중한 삶을 살아내고 있다. 함께 하며 그들이 좀 더 좋은 결과와 행복함을 안고 살아가게 기여할 수 있는지 서로 돌아보고 연장자가 모범을 보여야 한다고 다짐한다. 나도 그들로부터 받는 도움이 고맙다. 오래 함께 하기 위해서 필요한 것이다. 동시에 해외영업과 관련된 경력, 직급에 따른 채용이나 이직을 바라보면 경험자로써 시시콜콜 잘했다 안타깝다는 생각을 한다.

임원들은 사업의 본질을 이해하고 경영을 수행하기 때문에 인재양성, 사업 기회의 확보, 투자유치, 품질 좋은 제품을 만드는 연구개발의 운영만 잘하면 된다. 그들은 지혜의 사용으로 조직과 사람들이 더 좋은 성과를 내도록 지원하는 것을 업으로 한다. 그들이 경기장에 내려와서 실무에 손을 대는 순간 그들도 망하고, 실무도 망한 것이다. 묘수는 짜릿하다. 하지만 묘수를 생각해야 하는 상황은 어려운 상황이다. 그들의 지혜가 기술적인 구현

능력을 보유한 실무와 혼연일체가 되어야 조직 성과를 도출하는 것이다.

팀장급 인력은 하나의 인재를 채용하는 것이 아니다. 내부적으로는 사업을 보는 안목과 추진력, 사람을 이끄는 리더십 더 크게는 그 사람이 갖고 있는 네트워크를 끌어안는 일이다. 이런 종합적인 면이 기업이 가고자 하는 방향과 일치 하는가는 대단히 중요하다. 동시에 기업에 필요한 부분을 선택하는 일이다.

내가 보는 입장에서는 그 인력이 갖고 있는 네트워크의 질과 크기를 가름할 수 있다면 그 사람의 역량과 품성도 함께 유추 할 수 있다. 그가 걸어온 길의 충실함과 비례하기 때문이다. 그 정도 수준의 인력은 성과나 명성이 업계에 노출되어 있다. 다르게 보면 지원하는 사람들의 가치는 낮고, 모셔오는 사람들의 가치는 높다. 한 분야에 집중해 온 결과를 바탕으로 업종에서 이름을 쌓은 사람은 모셔오는 분들이고, 각자 고유한 역량이 있다. 여기서 발생하는 실수는 모셔오는 분의 안목이 문제다. 또는 인재를 평가는 내부 시스템의 결함이다. 최소한 스스로의 문제는 스스로 해결하려고 노력해야 한다.

문제는 낙하산들이 선점하는 직책도 이 부분이다. 낙하산이 나쁜 것이 아니라 어느 누구라도 역량이 직책을 수행할 수 없을 때가 문제다. 동시에 싹수가 없어도 연공서열에 기대어 이 정도의 자리까지는 올라올 수 있다는 것이다. 분수에 맞지 않는 자리에 앉게 되면 자리가 사람을 기름에 튀겨내 듯 한다. 규모가 있는 기업에서 능력에만 기대고, 인품은 저질인 인력이 이 정도에서 대부분 마무리 된다.

한 조직의 수장이 되는 것은 여러 제반 요건을 충족해야 한다. 전투에서 못돼 먹은 장수의 목을 들고 적진으로 뛰어드는 일은 사전에 방지해야 한다. 조금만 조금만이라는 욕심이 결국 조직의 피해로 남고 그것이 패착이다. 해외영업팀장은 회사를 대표하는 대외 조직의 역할을 겸임한다.

인품이 떨어지는 해외영업팀장이 결국 고객을 내쫓고, 시장과 멀어지는 이유가 된다. 궁극적으로 우리가 좋아하는 사람이 아니라 시장이 인정하는 사람을 찾아야 하고, 그 사람이 우리의 조직과 잘 융합할 수 있는지를 판단해야 한다. 간판만 보고 사람을 데려오면, 기업의 수준에 맞지 않는 해괴한 역량 발휘로 조직문화가 망가진다. 무너진 조직 문화는 급감하는 생산성의 원인이 되고, 이것을 회복하기 위해서는 몇 배의 자원과 시간을 낭비해야 한다. 팀장쯤 되면 업계의 소문을 통해서 이런 예를 접할 수 있다. 나도 그렇지 않기 위해서 노력해야 한다.

과장과 차장은 실무 베테랑이다. 평균적인 연봉과 선호도는 과장급이 가장 높다. 가성비가 가장 좋은 골든 타임이다. 가장 역동적이지만 이 과정에서 실무를 넘어설 것인가, 실무의 한계에서 중진국의 늪에 빠져든 것인가를 가늠해야 한다. 이는 실무 능력이 아니다.

실무의 숙련도는 경제학에서 말하는 한계효용의 법칙처럼 조금 더 올리기는 생산성의 임계점에 다다르는 시점이다. 여기에서 안주하는 것이 삶을 망치는 길이고, 이것저것 여러 가지를 짧게 하면서 시간을 낭비하기도 한다. 새로운 길을 찾는 것도 방법이다. 유혹이 많은 시기다. 이 수준의 사람들은 업계와 고객을 통해서 알 수 있다. 사실 S급은 특별한 이유가 없다면 이동이 없고, A급에서 B급 인력이 옮겨 다닌다. 그런 관점에서 나도 S급 인력은 아닌 것이다.

해외영업에서는 과장, 차장급은 맡아서 관리하는 능력과 만들어 내는 능력의 구분이 되기 시작한다. 두 가지의 능력과 역량이 균형 잡혀야 팀장으로 발전한다. 다른 방식으로 구분하면, 새로움을 조금씩 삶과 자신의 분야에 받아들이는 사람과 자신이 얻은 실무 능력에 기대어 살아 가는 사람이 있다.

전자는 필요에 따라 선택의 부분이지만, 후자는 무엇을 선택해야 할지 명확하다. 가장 찾기 어려운 구분 방식은 분야의 공부와 사람의 공부를 스스로 준비하는 사람들이다. 이런 사람들이 결국 팀장에 올라서도 역량을 꽃피운다. 그렇지 않으면 좋은 시절이 지나고 만년 마이너리거가 되거나 엔트리가 확장되는 시점에 가끔 메이저리거에 얼굴을 기웃거리는 그만그만한 선수가 되기 쉽다.

이런 사람은 교류를 통해서 알 수 있다. 전시회, 업계 모임, 지인들의 평가를 통해서 긴 시간을 갖고 바라보아야 한다. 팀장이 되면 대외 관계를 하는 것이 경쟁사의 정보를 파악하고, 시장의 변화를 보는 것도 중요하지만 어느 회사에 어떤 인력들이 무엇을 해서 성과를 내는지에 대한 정보도 알아두어야 한다. 이런 인적 네트워크를 통한 업종의 인력 풀은 고급 정보다.

팀장이 되어서 준비해도 되지만, 업종에 들어서면서부터 업무의 과정을 통해서 쌓아가는 것이다. 이 의미를 이해했다면 좋은 자세와 태도가 신입사원부터 왜 필요한지 스스로 알 수 있다. 좋은 소문은 상관이 없지만, 나쁜 소문은 경력과 무관하게 계속 누군가를 따라다니는 그림자가 되기 때문이다.

과장의 직책 연한이 길지만 초반은 대리 시절의 역량으로 잘 보낼 수 있다. 후반부터는 대학 나온 지 10년이 훌쩍 넘어가는 시기다. 어떤 방법을 선택해서라도 세상의 변화, 업종의 변화, 지식과 기술의 변화, 이 변화가 주는 미래와 내 삶의 미래에 주는 영향을 생각해야 한다. 대단히 중요하고 삶에 있어서 결정적인 영향을 준다.

그 성과를 맛보면 스스로 지속할 엔진을 장착하는 것과 같다. 가능성이 높아지기 때문이다. 대학을 나와서 기업에 취업하는 것이 삶에 중요한 일이라면 한 업종의 변화 과정을 인지하는 것은 더욱 중요한 일이다. 본인의 업이기 때문이다. 이 과정을 잘 보내면, 왜 사람이 중요하고 사람을 이해 해야 하는지를 깨닫게 된다. 그 많은 변화의 중심에 소비자, 발명가, 개발자, 고객, 생산자 즉 사람이라는 존재가 있다는 것이다.

사용자경험(UX)을 파악하고 이해하는 것이 디자인에서 중요하다. 사업도 크게 모면 사업 모델링이란 측면에서 디자인과 유사하다. 뛰어난 디자이너가 사업까지 디자인 할 수 있다는 명언은 그래서 색다르게 나에게 다가왔었다. 특정 업계가 요구하는 시장의 특징, 규제, 총체적 문화도 어떤 면에서 해당 사업 분야의 사용자경험(UX), 고객경험(CX)이라고 할 수 있다. 생활에서 변화를 따라가는 것은 잘 하지만, 자기가 종사하는 분야의 참여자들이 변화하는 이유, 방향을 잘 이해하지 못하는 것이 나는 왜 다른지 잘 이해되지 않는다. 그것으로 먹고 살며 전문가란 이름을 얻었다면 쉽게 이해할 수 있다..

과장급이 되면 결혼도 하고 아이도 생기도 삶은 정신 없이 바쁘다. 개인적으로 결혼은 하려면 빨리 해야 한다는 생각을 갖고 있지만, 현실적인 청춘들의 이야기를 듣다 보면 꼰대의 세상 물정 모르는 소리라는 말도 듣는다. 하지만 삶의 시간을 펼쳐보면 나는 크게 틀린 말이 아니라고 생각한다.

바라는 시기에 맞춰 오는 비를 호우시절이라 하듯 인생의 때는 항상 다가오는 것이 아니다. 사람은 때에 맞춰서 할 수 있는 것을 하는 것이 스스로에게 이롭다. 봄에 씨앗을 뿌리고 가을에 거둬들이는 일이 있다. 세상이 좋아져서 새로운 과학 영농법이 가을에 뿌리고 봄에 거둬들이게 한다지만 계절에 따른 방법보다는 비용이 많이 든다. 가격을 더 받을 수도 있지만 위험도 크다. 그런데 그 때부터 인생의 공부를 분야를 정해서 시작해야 한다.

대리급은 실무의 숙련도를 올리고, 기초 응용을 하는 과정이다. 본격적으로 업을 배우기 시작하는 과정이며, 동시에 한 업종에서 다른 업종을 기웃거리는 시기일 수도 있고, 전환할 수 있는 기회의 시기다. 직종을 바꾸는 것은 큰 결정이다. 직종을 바꾸는 일은 본인의 선택을 번복하는 일이고, 그것을 과장이 돼서 하려는 것은 인생의 큰 손해를 감수해야 하는 일이다. 보통 남성들의 경우 30대 초, 중반이기 때문에 전격적인 전환을 할 수도 있는 시기다. 하지만 좋은 선택을 미리 했다면 집중적인 업의 체험과 경험의 축적을 통한 insight를 쌓아가기 시작해야 한다.

이 체험이 과장급이 되어서 축적된 지식이 업무에서 새로운 시도를 할 수 있는 도전을 구축하는 동기가 된다. 여기서 실수하기 가장 상황이 발생한다. 조금 일에 대한 기초 전문성이 생기면, 성과가 기업의 배경에서 시작된 것인지 본인의 역량 비중이 높은지 분별하지 않는 다는 것이다. 성과가 고객의 노력에 의한 것인지(이것은 본인의 행운이다)인, 나를 지원하는 연구, 개발의 노력에 의한 것인지도 알아야 한다. 본인은 자신의 결과만 갖고 노래를 부르지만 팀장은 이런 다양한 항목을 고려할 수 밖에 없다.

사고도 많이 치고 배우는 시기다. 이 시기를 잘 보내면 고등학교 3년을 잘 보내고 내가 원하는 대학에 가듯 한참 좋은 시절이 또 이 시기다. 대리 시기에 나는 이것저것 많이 저질러 보고 좋은 경험, 다시 하고 싶지 않은 경험도 많이 했다.

나이 먹어서 사고 치면 손가락질을 받고 조롱의 대상이 된다. 업종에서의 비 숙련공이 할 수 있는 다양한 일을 경험하는 것은 이때다. 실패를 통한 학습은 대단히 효과적이다. 반복된 실패를 하는 것은 스스로 배움의 자세가 없다는 것이다.

사원은 경직되고 잘 알지 못하니 조심스럽다. 해외영업팀장의 입장에서 사원은 같은 사람이지만 문화가 다른 종(種)이다. 실무의 교육은 선임들의 몫이라면 팀장이 종종 신입이 좋은 태도를 갖는데 관심을 갖춰야 한다. 뭔가 알 것 같을 때에 사고를 친다. 인생에서 사고 없이 모범생으로만 자라는 것이 꼭 좋은 것은 아니다. 잘 하는 것이라고 볼 수도 있지만, 확률적으로 사고 칠 개연성은 시간이 지날수록 높아지는 것이다. 다른 면에서는 어려운 일은 도전하지 않는 것이기도 하다.

삶에서 실패는 피해갈 수 없다. 실패 없이 전문가가 된다는 말은 새빨간 거짓말이다. 성공으로 배우는 학습이 70~80% 완성도라면 실패로 배우는 학습은 100%다. 나는 순백의 모범적인 해외영업 경력은 실전용이 아니라고 생각한다. 더 시간이 지나면 온실 속의 잡초가 되기 쉽다. 사원과 대리는 더 많은 도전을 통해서 자신의 역량을 가늠하고 배우는 과정이다. 과장이 되어서 사소한 사고를 자주 치면 능력을 재점검하고 공부를 해야 한다.

사원의 기초는 대학시절에 결정된다. 내가 가고자 하는 분야를 선택할 수 있는 사람, 급여와 복지라는 수준 있는 생활에 집중한 사람, 일단 민생고를 해결하기 위해서 무엇인가를 선택한 사람들, 참 다양하다. 각자의 삶만큼 젊은 청춘의 선택은 다양하다. 그런 선택권이 있을 때가 좋은 때이나 그 때에는 그 선택이 아니라 물질적 풍요, 자유가 그립다. 세월이 지나야 그 때가 좋다는 것을 아는 인간의 모습이 한심해 보여도 그렇게 태어났으니 어쩔 수 없다.

각 개인과 기업이 선택을 결정하는 권력은 쟁취하는 것이다, 결국 개인이 만들어온 삶과 기업의 필요에서 누가 우위에 있는가는 어떤 사람이 주도권을 갖는지 결정한다. 인생을 걸어온 길의 책임과 후회, 동시에 세상이 움직이는 구조에 대한 이해가 열리는 시기다. 좋은 시작이 중요한 이유다.

나는 자신이 하고자 하는 분야를 선택한 사람에 대해서 후하다. 내가 그런 선택을 했기에 선호가 있다. 앞으로 행복해질 가능성이 높고, 그 분야에 더 열정을 갖고 일할 개연성이 높기 때문이다. 예를 들어 기업내 직무에 필요한 역량을 갖고 있다면 사람이 좋아하는 일이라면 더 적극적으로 참여하는 것은 당연한 것이다.

이런 부분은 이력서, 자기소개서로 다 표현되지 않는다. 그들이 기록한 것과 말과 행동의 일치 그리고 그 사람이 뿜어내는 기세, 적극성, 기초 지식 등이 한 번에 어우러져서 나타난다. 태도를 통해서 모든 것을 판단하기는 어렵지만 태도는 그 사람의 마음 자세를 보는 한 가지 방법이다. 면접을 볼 때 그들의 이력서를 꼼꼼하게 읽는다. 청춘들에게 충고를 하자면 '복붙'은 표가 난다는 것이다.

내가 30대 초반에 한 생각이 지금도 크게 그르지 않았다고 생각한다. 내가 살아온 10대의 삶이 20대의 수준을 결정하고, 20대의 삶이 30대의 삶을 결정한다. 지금 내 삶은 내가 살아온 30대의 충실도가 결정한다. 동시에 지금 시기의 삶이 내 50대의 삶을 결정할 것이다.

삶은 미래를 향해서 움직이고, 과거는 변경할 수 없다. 과거와 단절될 수 없는 시간과 삶이다. 과거라는 걸어온 발자국이 결국 내가 미래를 위해서 선택할 것과 포기해야 할 것을 결정한다. 그 선택의 폭은 내가 걸어온 발자국의 선명성과 힘에 따른다. 삐뚤빼뚤 남겨진 인생의 발자국을 보며 지금부터라도 똑바로 걸어가는 것이 중요하다. 그것이 인간의 그리는 삶의 이야기이고 맥락(context)이다.

영업, 아무나 한다. 그러나 잘하는 건
아무나 못한다.

덕후와 성인을 왕복하는 종합예술인

영업만큼 자존심이 강하고 멋져 보이기도 하는 직종도 드물었다. 지금 청춘 세대에게도 같은지 모르겠다. 영화 대사처럼 '우리가 돈이 없지 가오가 없냐?'는 말에 죽고 산다. 가끔 과도한 가오가 심각한 재정적 압박과 고난을 초래한다. 그래도 하는 것을 보면 영업이 계산적이란 말은 허풍처럼 느껴진다.

언뜻 보면 아무나 해도 된다는 편견을 만들어 내기에 충분한 분야가 영업이다. 회사를 그만두면 '장사나 해야지', '사업을 해야지'라는 말을 다들 쉽게 한다. 그리고 상당히 많은 사람들이 쉽지 않음을 알게 된다. 영업이 갖고 있는 모습이 폄하되는 이유라고 할 수 있고, 생존을 위해서 꼭 필요한 것을 모두들 쉽게 인식하는 것이다. 팔색조와 같이 다양하고 종종 술 마시고 노닥거리며 노는 엔터테인먼트 조직처럼 보이는 것도 사실이다.

읽고 있던 책에서 내가 고민하는 부분이 있어서 열심히 읽게 된다. 도통 머릿속에 들어오지 않는다. 주제는 왜 영업을 잘 하는 방법에 대한 성찰이 부족하냐는 것이다. 궁극적으로 기업의 전략과 영업의 실행이 alignment되지 않는 문제에 관한 이야기다.

영업을 하면서 전략과 실행의 궤리는 당연하고, 그 간격을 어떻게 줄여갈지 끊임없이 과제로 수행해야 하는 부서가 해외영업, 영업조직이다. 내가 해외영업팀장으로 하는 일이란 이상과 현실의 조율, 가상(미래에 구현될 사업)을 구체적인 현실로 갖고 오는 일이라고 할 수 있다.

한 땀 한 땀 이어 붙이는 작업을 하는 것은 영업의 숙제이며, 잘 붙이느냐, 땜빵을 해서 나중에 후환을 맞이하느냐, 더 큰 사고로 징계를 받는가는 영업의 역량이고 실력이다. 이 일이 굴러 떨어지는 돌을 매일 들고 올라가는 시지푸스와 같다. 어느 분야든 같은 일이다. 해외영업은 목표를 위해서 다양한 업무를 한다. 내가 '미국엔 잡스가 있고, 한국에는 수 많은 잡부가 있다'고 하는 이유다. 안 하는 것이 없는 부서다 보니, 내가 흥신소 사장인지 해외영업팀장인지 알 수가 없을 때가 있다.

영업은 새로움과 신선함이 떨어지면 안 된다. 죽은 물고기는 인기가 없다. 생동감이 없는 영업은 죽은 조직이다. 영업이 아니라 영업 관리라는 매너리즘에 빠져드는 것이다. 영업 관리 조직은 영업이라는 말을 해도, 진정한 영업은 절대 영업 관리라는 말을 하지 않는다. 같은 영업이 붙어 있지만 하는 직무가 전혀 다르다. 그 만큼 영업은 예민하고 꼭 필요한 것을 도전하고 새로운 방법을 통한 가능성을 지속적으로 사고해야 한다. 살아있기 때문이다.

해외영업 팀은 조금 시끄럽기도 하고, 활력이 돌고, 웃음 소리, 대화가 끊겨서는 안된다. 도서관 분위기의 영업은 소름 끼친다. 버려지지 않기 위해서라도 끊임없이 생동하는 모습을 유지하려고 노력해야 하는 조직이다. 영혼 없는 전화소리와 자판 두들기는 소리만 들리는 곳이 영업의 현장이 될 수 없다. 이곳은 기업을 대표하는 시장의 최전방 벙커이며, 예민하게 움직여야 하기 때문이다.

전투에 들어선 병사는 오로지 내가 마주하는 적에 집중해야 한다. 이것이 영업을 잘 하는 기본 태도다. 마케팅이란 지형 지세를 이해하고 진형과 전술을 짜는 전략 조직이다. 영업과 마케팅을 동류로 보는 시각은 대단히 잘못된 것이다. 그들은 협력하지만 대립하는 조직이라고 보는 것이 더 적합하다. 마케팅은 영업조직이 전략을 이해하지 못하고, 자신의 부족한 역량을 위해서 무조건 싸게 팔거나 무엇이 문제라는 불평만 제기한다고 토로한다. 영업조직은 현실감 없이 책상머리에 앉아서 세부적인 상황과 현실감각 없이 어디서 "카더라"통신과 같은 내용을 들고 감 놔라 대추 놔라 하며 손님을 내쫓는 마케팅을 불평한다.

여기에 최신 기술과 고객들의 요청을 그 정도 이야기하면 어깨 위에 달린 것을 열심히 사용해서 척척 이해하면 좋으련만, 책상머리에 앉아서 세상 구경은 한 번 안 쳐다보고 발로 만들었는지 어이없는 제품을 들고 오는 것이 조직이 있다. 영업이 연구 개발을 불만 가득한 시각으로 바라볼 때이다.

개발 조직은 오늘은 이것이 필요하다, 내일을 저것이 필요하다 잔소리만 하고, 만들어 주면 팔지도 못하는 비논리의 궁극이 영업이다, 개발 조직은 입만 갖고 사는 영업이 얄밉고, 영업은 09소인지 연구소인지 알 수 없는 꽉 막힌 사람들이 답답하다. 서로를 바라보는 단면이다. 제조업체의 개발, 영업, 마케팅의 소란은 대부분이 이런 것이다. 그 외의 소란이란 권한을 벗어나 조직의 프로세스를 지키지 않는 것이 묵시적으로 허용되는 월권의 문제가 커진 경우다.

개발 전략과 시장 전략을 수립하는 연구소와 마케팅이 실행하는 영업 조직을 이기기 힘든 이유는 그들이 시장을 대변하기 때문이다. 뒷감당이 필요하기도 하지만 영업은 유효한 출구전략이 존재한다. 또한 싸움에 나선 장수는 승리를 위해서 왕의 말도 듣지 않을 권한이 있기 때문이다.

무엇보다 연구 조직과 마케팅 조직은 영업이 믿음직스럽지 못하다는 생각을 하면 본인들이 적극적으로 나선다. 그런데 시장과 고객을 대하며 논리적으로 압도하고 고객의 무지를 들어내 통쾌해 하는 것이다. 자신의 사정을 이야기하는 고객과 논리적인 호승심은 전혀 다른 결과를 부른다. 틀린 것을 지적한다고 고객의 상황이 바뀌지 않는다. 증명과 분석으로 고객을 이겨봐야 무엇에 쓸 것인가? 기분 나쁘면 거리만 생긴다. 그 균형을 적절하게 조율하는 것, 그 기준은 매번 다르다. 사람 수만큼 다양하기 때문이다. 이것을 계량화하려는 것은 현재의 기술로는 불가능하다. 스타워즈의 클론도 다 다르기 때문이다. 이렇게 사업을 망치고 나면 자신은 옳다는 논리만 이야기 한다. 그렇게 잘 났는데 왜 이 모양이 되도록 거래를 만들었는지 설명을 하지 못한다. 본인도 기분이 나쁘면 집 앞 편의점에 안 가면서 말이다.

일반적으로 영업은 고객들 설득해서 아무거나 잘 팔기만 하면 된다고 생각한다. 그런데 우리는 아무거나 파는 사람이 아니라 이 업종의 전문집단이다. 설득을 하려면 더 말 잘하는 사람이 있으면 된다고 생각하거나, 우리가 만든 제품의 기술만 알면 된다고 생각하는 사람들이 있다. 시장의 다양한 사항을 알아야 하는데, 이런 단편적인 접근은 무지에서 출발한다. 무지하면 용감하고, 용감하면 명을 재촉한다.

예를 들어 구조조정과 인력감축을 도모할 때에 개발 인력에게 만들었으니 팔아보라며 시장으로 내모는 경우가 있다. 병사가 늘면 전투력이 늘어난다는 접근 방식이다. 방문 판매만 영업인가? 이는 영업의 이해도와 현실에 대한 이해가 없이, input/output만 계산하는 재무적인 입장의 무지한 판단이다. 그것이 합리적인 접근이 될 때는 물리적인 투입의 증가가 결과의 증가로 비례 할 수도 있다. 그런데 기계는 가능해도 사람은 이런 방식으로 항상 동작하지 않는다. 영업은 얻어 걸리는 것이 아니라 시장과 고객에게 다양한 방법으로 거래를 제안하고, 사업을 시작한다.

영업이 고도의 전문직이란 말을 하면 일부는 동의하고 일부는 코웃음을 친다. 그런데 고도의 전문직 맞다. 법률, 심리학, 경제학, 경영학, 엔지니어링 기초지식, 네트워크, 통신, 제조 전반의 구조, 품질 관리기법 등 영업은 관련 안된 부분이 없다. 고객에 따라서 문(文), 사(史), 철(哲), 시(詩), 서(書), 화(畵), 악(樂)이라 불리는 인문학적인 소양도 필요하다. 스포츠도 해야 한다. 아무거나 다 한다고 전문성이 없는 것이 아니라 전문성도 있지만 고객과 시장을 우리 회사와 연결하기 위해서 이것저것 다 하는 것이다. 그렇게 실현을 해야 내 뒤에서 떠드는 모든 조직의 밥벌이를 유지할 수 있는 것이다.

영업은 안 팔리는 제품을 파는 사람들이 아니다. 전 세계 고객의 문제를 다양하게 해결하는 일이 해외영업의 일이고, 그 문제를 해결하는 방법과 대책을 끊임없이 찾고, 조율해서 결과를 도출하는 것이다. 이 과정에서 매출과 수익이라는 부차적인 결과가 나타난다.

잘 팔릴 수 있는 것을 통해서 기대 이상의 성과를 이끌어 내는 것이지 불량품을 시장에 판다면 영업이 아니라 사기꾼이고, 국제적으로 불량품을 판다면 글로벌 사기꾼이라고 불러야 한다. 이런 유혹도 뿌리쳐야 하는 해외영업은 신의성실, 신뢰라는 말이 얼마나 지키기 힘든지 알게 된다. 부자가 천국 가는 일을 낙타가 바늘 구멍을 통과하는 것에 비유한다. 주변의 끊임없는 다양한 유혹을 뿌리쳐야 하기 때문이다. 이런 만연된 생각이 사기꾼, 입으로 먹고 사는 사람들이란 말을 만들었다. 그 수준의 사람들이 만들어 낸 것이지 진정으로 업을 번영케 하는 사람들이 만든 말이 아니다. 진정한 영업은 이런 유혹에도 고객을 바라보면 도를 닦는 것과 같고, 문화를 넘어서 전 세계의 다양한 유혹에도 신의성실하게 신뢰를 쌓아가는 것이 해외영업이다.

영업은 관련된 업종의 제품과 서비스, 시장, 고객이란 세 가지 요소를 조율하며, 이 조율에 따라 생산성의 크기가 결정된다. 아무리 제품과 전략이 잘 돼있어도 고객이 사줄 마음이 없으면 그림 속의 떡이나 마찬가지다. 고객이 구매할 의사가 없어지는 이유는 다음과 같다.

제품 전략의 수행 능력에 관한 부분이다. 제품이 시장에서 외면 받는 것은 기본적인 제품의 목적을 달성하지 못하거나 제품 명세에 기술한 동작이 원활하게 되지 않을 때이다. 동시에 경쟁에서 기술적으로, 디자인 적으로, 가격적으로 비교 열위에 위치할 때 그렇다.

구매할 의사를 떨어뜨리는 원인 중 대외적으로 표현되는 정책과 기업이 현실에서 이행하는 과정의 차이가 만들어내는 경우가 있다. 도덕성, 윤리성에 대한 부분이다. 이 부분은 마케팅 또는 홍보와 관련된 부분도 있고 시장에 서비스 전반에 관한 것이기도 하다. 예를 들어 보증기간과 유지보수 서비스가 상대적으로 떨어지거나, 약속 이행을 하지 않거나, 도덕적으로 사회적 물의를 일으킨 경우가 그렇다.

한 가지 누구나 쉽게 잘 이해하고 행동하지만 기업내부에서 영업 조직 밖에 잘 모르는 문제가 있다. 고객은 담당이 꼴도 보기 싫으면 아무것도 안 산다. 진상은 고객만 있는 것이 아니다.

모든 사람은 소비자다. 모두 불친절한 가게에 발길을 끊은 경험이 있다고 생각한다. 그렇게 잘 알지만 우리 회사에 이런 경우가 존재하지 않는다고 생각을 하는가?

이는 영업을 어떻게 처우하고 교육할 것인가의 중요한 문제다. 이런 내용은 체계적으로 관리하기 대단히 힘들고, 알기도 힘들고, 영업 내에서만 아는 경우가 많다. 조직을 관리하는 해외영업팀장, 직책 임용자들의 역할이 중요한 부분이다.

과거 전임자들의 오만한 행태로 고객의 발길을 되돌리는데 무려 2년이란 시간을 낭비한 경험이 있다. 제품과 서비스의 문제가 아니다. 유럽, 미국, 일본, 러시아, 중동, 아프리카, 아시아에 구분 없이 하소연의 방식은 똑같다. '내 말 좀 들어봐'로 시작하는 다양한 언어의 장탄식은 지금도 생각하면 끔찍하다.

그런데 아무나 영업을 시키면 어떤 일이 벌어질까요? 대표이사가 찾아가서 사과하거나 변호사가 찾아오거나 온갖 피해가 후방에서 지원하는 부서에 끊임없이 날아 올 수 있다. 나도 가끔 고객으로부터 날아오는 담당자에 대한 불만이 있다. 나쁜 형태의 불만은 반드시 철저하게 바로 잡는다. 문제를 만든 사람의 문제가 아니라 그 문제로 다양한 사람의 삶에 악영향을 주기 때문이다. 차이로 인한 부분은 또 사정을 설명하고 조정한다. 고객도 사람이다. 진실은 꽤 쓸만한 무기다.

경영학을 머리에 붙이고, 컨설팅을 외치는 사람들이 영업을 골치덩어리로 생각하는 이유지만 이는 논리가 아니라 사람의 이해가 필요한 부분을 계량화 하는 과정에서 나온다. 규모에 상관없이 젊은 컨설턴트들을 만나보면 영업이 복잡하기 때문에 자기들이 할 수 있는 방식으로만 하려 한다.

영업을 컨설팅 할 능력이 없거나, 이런 복합적인 분석 체계가 없는 것을 탓해야 한다. 고객의 말에 귀 기울지 않는 컨설턴트를 보면 영업의 'ㅇ(이응)'자를 떼지 못했는데 어떻게 영업을 컨설팅 하겠다는 것인지 의문이 든다. 세상을 숫자로만 해결하려고 하니 안 되는 것인데 말이다. 인문학이 필요한 분야가 많지만, 영업은 특히 그렇다. 매일 사람들을 쉼 없이 만나는 직업이기 때문이다.

사람과 사람의 관계 측면에 따라 영업의 성과는 크게 달라진다. 이는 태도, 언행, 행동, 인품과 같은 인문학적 소양과 마음 씀씀이에 달린 경우가 많다.

그래서 잘 고쳐지지가 않고, 고치라고 하기도 쉽지도 않다. 논리만이 아니라 감성적인 부분이 풍부하게 조화를 이뤄야 하는 지혜가 필요하다. 대체로 해외영업의 경우 인력이 우수하다는 평가를 받지만 조직평가에서는 실적으로만 그려지는 한계가 아쉽다. 때론 회계와 재무적으로 단기간의 손해를 감수하고도 더 큰 이익을 위해서 더 큰 시간 단위를 갖고 이야기하는 그들이 또라이 처럼 보이기도 한 이유다.

월, 분기, 연단위로 이해하는 사람이 고객과 3년, 5년, 10년 이상을 그리는 사람을 이해하기란 어려운 일이기도 하지만 영업은 나를 지원하는 조직의 시간 단위를 고려할 수 있어야 한다. 그런 사람이 되어야 영업을 더 잘 할 수 있는 소양이 있는 것이다. 영업을 잘 하는 소양이란 나는 이렇게 생각한다.

1. 사람과 사물에 대한 호기심이 있어야 한다. (Think Why, Don't stay 8 hours at your chair in a day)

    이것이 없으면 관찰력이 부족하고, 관찰력이 부족하면 배움이 적어진다. 배움이 적어지면 생각이 좁아지고, 생각이 좁아지면 행동이 편협 해 진다.

2. 나를 판매할 줄 아는 사람이 돼라. (Never buy without trust)

    잘못 이해하고 사용하면 사기꾼이 된다. 차이는 타인의 마음을 얻어 상생 하느냐, 나의 욕심을 위해서 이용 할 것인가는 전혀 다른 목적이다. 타인 의 마음속에서 신뢰를 저축해 마음의 빚을 적립하는 사람이 되어야 한다.

3. 연애를 잘 하는 사람이 되어라. (Understand & Listen others hearts)

    바람둥이가 아니라 연애할 때 타인을 생각하고 배려하는 소중한 마음가 짐을 말하는 것이다.

    3년을 하면 내가 하는 프로세스를 이해하고, 7년을 하면 시장의 움직임과 조직이 돌아가는 시스템의 의미를 이해할 수 있어야 한다. 그래야 나의 역할을 보다 잘 이해할 수 있고, 10년이면 자신의 소리를 낼 수 있어야 한다고 생각한다. 시간이 쌓여서 경력이 되었다고 실력이 이과 같은 것이 아니다. 실력이 있어야 경력이 돋보이는 것이지 그렇지 않으면 경력은 조롱거리가 된다.

이런 자신만의 틀을 갖추지 못하면 어떤 분야에서도 성공하기 힘들지만 지식은 배울 수 있는 것이다. 제품, 언어, 지식은 3년만 스스로 공부하면 대부분 배울 수 있다. 대학 때 한 학기 7과목씩 7권이라고 해봐야 4년이면 60권이 되지 않는다. 일 년에 30권씩만 읽어도 지식은 채울 수 있다. 이 정도면 자료를 정리하는 것은 자연스럽게 발전 돼있다.

가장 어려운 것은 평생 해야 하는 마음가짐과 마음을 가꾸어 나가는 것이 배우기 힘든 것이다. 그래서 뛰어난 사람보다 참된 사람을 볼 줄 아는 안목이 필요하지만, 스스로 그렇지 못하면 볼 수가 없다. 아는 만큼 깨달은 만큼 볼 수 있는 것이다.

장사꾼이 천당에 가기 힘든 것은 유혹이 많아 주화입마에 빠지기 쉽기 때문이다. 이런 환경에서 신뢰와 사랑, 소신을 지켜간다면 나는 종교인과 다름없다고 생각한다. 세상이 나로 인해서 더 풍요롭고 행복하게 돌아가는데 기여한다고 성인군자(聖人君子)와 비교하여 부족한 것이 없다고 믿는다.

내가 전공한 무역(貿易)이란 분야가 학문보다는 실무적인 분야로 학계의 폄하 속에 사라져 가지만, 경영학이란 논리와 전략, 전술로 무장한다고 전투를 더 잘한다고 보기 어렵다. 그것은 틀이지 그 틀의 질을 결정하는 내용 (contents)이 아니기 때문이다. 계량화의 풍조가 한국 사회에서도 가속화되니 해외영업에서 괜찮은 인력은 갈수록 구하기 힘들다. 전투력 떨어지는 장교들만 양산된 모습처럼 보일 때도 있다. 대학 시절 선배들이 주역보다 무역이 더 어렵다는 농담을 했다. 내가 그 농담을 자주 입에 올릴지 몰랐다. 그런데 그 농담이 참이라는 생각을 자주 하게 된다.

최근에는 어학 전공자, 해외 경험을 바탕으로 이 분야에 지원하는 사람들이 있다. 누구나 어떤 분야에 도전에서 성과를 낼 수도 있다. 하지만 한국말이지만 법원의 용어를 잘 이해하는 사람은 제한적이다. 어떤 분야에 도전한다는 것은 그 분야의 언어와 지식에 대한 기초 소양을 확보하는 것이 바람직하다. 그래야 좋은 지점에서 출발하거나 좀더 빨리 속도를 올릴 수 있기 때문이다. 지속하는 것은 인생의 주유소와 엔진 점검에 따라 달린 일이다.

가끔 해외영업과 해외 관광의 기회를 구분하지 못하는 뜨내기가 있다. 남동 제1 공업지역이 시작하는 구로에 기업들이 많다. 런던에 가서 런던의 구로에 가고, 멜버른에 가서도 멜버른 구로에 가고, 뉴욕에 가서도 우리 업종이 있는 뉴욕의 구로에 간다. 관광이 아니다. 가끔 짬이 날 때 있을 뿐이지 목적이 다르다.

회사 다니며 이해한 단어

수업료 많이 냈다

인생은 끊임없는 선택이다. 선택은 동시에 포기한다는 것을 내포한다. 일반적인 선택은 선택을 통해서 내가 기대하는 것 또는 그 이상의 결과를 예상하는 방향으로 의사결정 하는 것이다.

예측을 할 수밖에 없는 이유는 그 결과를 미래에 알 수 있기 때문이다. 잘 되었을 때, 사람들은 과거의 의사결정, 의사결정의 시점이 잘 이루어졌다고 복기한다. 이렇게 타인의 의사결정을 평가하고, 그 결과를 분석하는 것은 참으로 쉬운 일이다.

영화 속에서 파란 선을 끊어야 할지, 빨간 선을 끊어야 할지 선택의 상황을 상상해보자. 이런 상상은 현실보다 단순화되어 있다. 내가 관객으로 편하게 콜라와 팝콘을 먹으며 구경하는 것이 아니라 내 손에 들린 가위로 어떤 선을 잘라야 한다는 것은 전혀 다른 느낌으로 다가온다. 영화 속의 폭탄 같은 극단적인 설정이 갖고 오는 결과는 더 단순하다. 살아서 영웅이 되는 길이고, 다른 하나는 죽음이다. 하지만 현실은 그렇지 않다. 그 결과의 책임이 오랜 시간 나와 같이 함께 따라 다이며 괴롭힌다.

책임에 집착하면 방어적이고 보수적으로 행동하게 된다. 그것이 나쁜 것이 아니라 꼭 필요한 과정이다. 어떤 결정이 초래할 결과와 그 결정을 실행할 여건과 상황을 면밀하게 검토해야 한다. 따라서 신중할 수 밖에 없다.

결과에 집착하게 되면 부정적이거나 긍정적인 행동을 한다. 이런 균형과 조화를 통해서 우리는 의사결정을 할 수 있게 된다. 상당히 많은 사람들이 결정을 안 하고, 미루는 의사결정에 익숙하다. 이런 것은 말하지 않아도 참석자들의 자발적인 협동정신이 일사불란하게 이루어진다. 내일 합시다!

지위를 주는 이유는 책임 즉 주어진 일을 완수하기 위한 권한을 주는 것이다. 어렵기 때문에 금전적으로 더 보상을 하는 것이다. 가끔 자신이 해야 할 일을 아래 직원에게 물어보고, 맘에 안 들면 다시 해오라고 하고, 맘에 들면 구체적으로 실행 방법을 만들어 오라고 하며, 잘못되면 열심히 일한 그 사람만 추궁하는 한국 조직의 완장 문화를 보면 '염치가 없다'라는 말을 잘 이해하게 된다.

해외영업팀장과 같은 조직단위 리더의 자리에 앉아 실체가 없는 ghost leadership('그래서, 그런데'의 무한 루프를 돌리며 결국 자신은 면피가 최우선으로 의사결정 하는 것)을 펼치는 사람은 반드시 혁신의 대상이 되어야 조직이 더욱 건강하게 자란다.

책임을 매번 강조하는 사람은 모든 슬로건처럼 그 사람이 그러한가? 살펴야 한다. 슬로건은 스스로 부족함을 인식하고 채우는 방향으로 움직이려는 상징이다. 책임을 강조하는 사람도 책임에 대한 자기만의 명쾌한 정의가 없는 사람이 대부분이다. 참고로 모든 슬로건 뒤에 물음표를 붙이면 유머가 된다.

일반적인 경우는 처음부터 감당할 능력, 여건, 상황이 안되고, 책임에 대한 두려움이 앞서 안 되는 이유만을 찾는 것이다. 그 요인만 찾으면 회피할 수 있다고 생각하기 때문이다.

적극적이고 긍정적인 행동은 그것을 해야만 할 이유만을 찾지만 책임은 꼭 해야 할 과정들을 점검한다. 어떤 상황에서도 책임 의식은 대단히 중요하다. 높은 책임 의식은 뛰어난 리더십에도 꼭 필요한 항목이다. 어려운 문제를 마주할 때 모든 사람은 약한 수준의 확증 편향이 발생한다. 마음과 머리에 들어온 순간 객관적인 기준을 항상 유지하기 쉽지 않다. 마음에 쏙 드는 이성을 본 순간부터는 마음에 드는 이유를 A~Z까지 찾는 것과 같다. 인간미 떨어져 보인다는 비판이 있을 수 있지만, 객관적 균형을 잘 유지하는 사람이 뛰어난 리더일 수밖에 없다. 제갈량이 멋진 이유는 사사로운 감정에 휩싸이지 않기 때문이고, 목표를 실현하는 방향으로 끊임없는 how를 찾아가는 자세 때문이다.

태생적으로 이런 평정심을 유지하지 못하면 듣는 귀가 발달해야 한다. 경청이란 '타인의 말을 주의 깊게 듣는다'라는 뜻이다. 모든 말을 주의 깊게 듣는다는 것은 불가능하다. 지위, 때, 장소에 맞춰서 스스로 판단하는 안목이 필요하다. 타인을 통해서 우리는 객관적인 균형을 이성적으로 보정할 수밖에 없다. 그래서 타인은 나의 친구들을 보는 것이다.

안목이란 자신의 깨달음에 의존할 수밖에 없다. 끊임없는 공부가 학교를 마치고도 필요한 것이다. 책만 보는 공부는 한계가 있다. 경험만으로 쌓아가는 공부는 투박하고, 시간이 오래 걸린다. "학이시습지(學而時習之)"라는 논어의 구절과 같이 책과 강연으로 듣고 배운 것은 내 것이 될 때까지 사용하고 연습함으로 몸에 익혀야 내 것이 된다. 야구 배트를 어깨에 메고 다닌다고 150Km의 강속구를 칠 수 있는 것은 아니다. 아무리 TV를 보고, 구질이 어떤지 알아도, 연습을 통해서 배트 스피드가 150Km를 따라가지 못하면 공을 몸에 붙여놓고 때릴 수 없다. 당연한 사실이지만, 이를 실행하는 정도와 수준이 그 사람의 역량 수준이다. 이를 통해서 품성까지 다듬을 수 있다면 더욱 뛰어난 사람이다.

사람들은 직접 상황 속에 뛰어들면 불안, 공포, 강박 등의 심리적인 요인으로 인해서 휘둘린다. 군인, 운동선수들이 반복적인 동작을 지속적으로 몸에 익히는 이유는 특정 상황에서 기계적인 반응을 이끌어 내는 훈련이다. 삶도 그렇게 할 수 있다면 좋겠지만, 조직 생활에서 마주하는 일신우일신 (日新又日新)의 환경은 모두 예측할 수 있는 것이 아니다. 결국 아는 만큼 걸어갈 수 있고, 사람들을 모아 함께 함으로 더 오래 함께 걸어갈 수 있다.

진정으로 어려운 의사결정은 나는 사람에 대한 일이라고 생각한다. 일은 합리성에 기반한다면 큰 탈이 없지만 사람은 그렇지 않기 때문이다. 문제는 조직의 수준은 가장 낮은 능력 부분에 alignment 된다는 것이다.

운동 할 때 구멍이라 불리는 허술한 부분이 패전을 보증하는 것과 마찬가지고, 홈런타자가 많아도 투수가 훨씬 더 많은 홈런을 두들겨 맞으면 진다. 선수는 합법적으로 트레이드를 할 수 있다. 그들이 선수로 뛰는 기간이 정해져 있기 때문이다.

하지만 기업 조직에서는 대단히 어려운 문제다. 인사도 중요하지만 좋은 사람이 되도록 서로 돕고, 선임자와 리더들의 역할이 향후에 발생할 후 폭풍을 사전에 방지하는 것이다. 후 폭풍이 시작되면 엄청난 대가를 지불해야 한다. 고도 성장이 항상 좋은 것은 아닌 이유로 적절한 때에 해야 할 것을 성장과 바꿔서 건너 뛰는 것이다. 건너 뛴 부분은 반드시 잠재적 문제를 내포하게 된다. 육성할 인재를 빠른 성장과 교환하면 어떤 조직도 세대를 넘어 유지 힘들다. 기업의 연속성에 문제가 발생하는 것이다.

조직이 사람을 아끼지 않는 것은 조직문화와 생산성에 더 나쁜 결과를 초래한다. 모든 기업활동은 결국 돈을 버는 낮은 수준이 아니라 세상 사람들에게 기여함으로 정당한 대가를 받는 창조적 활동이라고 정의할 수 있다. 모든 기업활동에 인본주의가 없다면, 그 기업이 시장의 외면을 받는 것은 지극히 당연한 문제다.

이를 구성하는 사람들의 다양한 스펙트럼 속에서 언제나 문제가 발생한다. 파레토의 법칙을 믿으며 방치할 수도 없고, 그렇다고 모두가 영화 300백, 계백장군의 5천 결사대와 같이 될 수도 없다. 그 속에서도 출전하기 싫었던 사람이 왜 없었겠는가?

조직에서 관찰하다 보면 지속적으로 망해가는 방법으로 일정 수준에 다다라 문제를 인식한다. 열심히 하라는 질책을 받고, 다시 그 망해가는 방법을 더욱 열심히 해서 더 빨리 망해가는 사람들을 볼 때면 안타까울 때가 있다. 그들을 살려보겠다고 독려하는 사람들의 마음을 조금도 헤아리지 않는 사람을 보면 아비규환이 따로 없다.

이런 사람들의 특징은 아무리 타고난 재능이 좋다 하더라도 지속적으로 공부하지 않고, 특정 수준을 고수하며 새로움을 받아들이지 않는다는 것이다. 더 큰 문제는 그것을 넘어서 나의 안위에 위협이 되는 일이 발생하면 생산성을 떨어뜨리는 일도 서슴지 않는다. 타인의 일을 방해하고, 사사로운 나의 이익을 추구한다. 우리는 이런 일이 벌어지는 현상에 집중하지만, 사실 이런 일이 발생하도록 방치한 리더십의 문제가 더 많이 논의되어야 한다. 적절한 사전 인력 배치와 위임의 중요성은 강조해도 부족하지 않다.

시간이란 사람이 통제하지 못하는 가장 강력한 존재다. 시간의 흐름을 거

스르려는 상상과 시도가 신화, 타임머신에 남아 있지만 한 번도 성공한 예가 없다. 상상이 즐거운 이유는 이것이 가능하기 때문이다. 그런데 자신이 그런 행동을 하고 있다고 자각하는 사람들은 더욱 적다. 사사로운 욕심이 공정하고 올바른 협동정신을 이기지 못한다. 그럼에도 순간순간 유혹에서 벗어나지 못한다. 잠시라도 자신의 욕망을 채울 수 있다고 생각하기 때문이다. 소크라테스가 아직도 유효한 것은 이런 인간의 무지가 연속되기 때문일 것이다.

우리는 걸어온 발자취에서 벗어나지 못하지만, 그 발자취에 기대어 내일을 꿈꾸며 살아가야 한다. 발자취에 취해서 어제를 살고자 하는 어리석음에서 어느 누구도 자유롭지 않다. 하지만 너무 오래 그 꿈에서 벗어나지 못하면 삶을 망치게 된다. 내일은 어김없이 다가온다. "what another day comes depends on you"

시스템에 대한 다른 관점

효과성과 능률성

어려운 일이 생기면 힘들다. 딱 봐도 힘든 일이 생길 것이 확실할 때 걱정이 생기고, 기절초풍할 일이 다가오는 것을 인지할 때 멘붕이 온다. 내일 회사에 가기 싫은 것은 나에게 닥쳐올 시련이 파노라마 영상처럼 뇌리를 스치기 때문이다.

"Service may vary according to my mood and your attitude"

(서비스는 나의 기분과 당신의 태도에 따라 달라집니다)

영국의 Bar에 한가롭게 쓰여 있는 문구를 보면서 한참을 웃었다. 할 수 있다면 나도 그랬으면 좋겠다. 동시에 타인을 이해하는 좋은 방법이라고 생각했다. 고객의 논리적이고 까다로운 요청을 대응하는 것은 힘들다. 그 사업의 약속과 신뢰가 대외적으로 상호 합의되었다면, 그것을 수행하는 것은 당연하다.

그런데 조직이란 역할과 책임, 단계에 따라 조직에서 하는 일은 항상 내 마음과 다르게 더디다. 항상 앞, 뒤로 포진된 부서들의 더딤과 내 문제의 해결 속에서 기업 구성원은 갈등한다. 내가 다 해보겠다는 욕심은 결국 마찰과 개인적인 burn out을 초래 한다.

인간이 만들어 낸 창조적인 발명품이 조직이고 이 조직을 원활하게 움직이는 매뉴얼이 시스템 프로세스다. 책에서는 분업의 효과를 통한 전문성과 효율을 강조한다. Value Chain과 같이 각 단계에서 부가가치를 어떻게 생산해가는지를 설명하지만 시작과 끝이 교과서처럼 완벽하지 않다.

기업의 많은 사람들이 수정, 조정, 보완하는 일을 하고, 항상 시스템과 프로세스라는 과정의 중요성을 교육한다. 이 활동을 통해 효과성(Effectiveness)과 능률성(Efficiency)을 확보한다. 우리 모두는 이것을 신봉하고 또 싫어한다. 모든 기업과 조직이 이런 합리적인 과정을 사용하는 이유가 있다. 그런데 참이라 믿고 행동하지만 왜 잘 안될까?

나는 논리와 이론이 잘못된 것이 아니라 사람에 대한 전제가 잘못되었다고 생각한다. 이론이 맞지 않는 것은 변화의 예측이 아니라 사람의 예측이 어렵기 때문이다. 사람 중심으로 생각하는 HCI처럼 다양한 분야에서 이를 적용해야 한다. 인문학이 떠오르는 이유는 아직도 사람을 잘 알지 못하고, 사람은 마음대로 할 수가 없는 존재이기 때문이다. 하루 종일 논리적으로만 행동하며 시간을 보내는 것이 불가능하다. 당신은 하루에 몇 시간이나 논리적인 상태입니까? 두 시간을 채우기도 벅차다.

기계를 만드는 이유가 '힘들다', '어렵다', '쉬고 싶다', '밥 먹고 하자', '기분이 나쁘다'와 같은 다양한 요구를 하는 사람보다 하루 종일 말대꾸 없이 움직이기 때문이다. 사람의 일을 대신 시키기 위해서 만든 것이다.

요즘 이벤트로 기계와 사람이 경쟁을 하는 것을 보면 웃음이 난다. 인간이 하는 일을 대체하기 위해서 기계를 만들었다. 다시 그것과 경쟁을 해보는 것이 기계의 성능 테스트 하는 목적일 수 있다. 사람을 이기기 위해서 만든 것인데 그것에 왜 놀라운 일인가? 자동차와 마라톤 시합을 하고 웃는 사람은 없다. 인공지능이란 분야도 결국 사람의 역할을 기계에게 대체한 목적의 연장선에 있다.

하지만 그 수준을 넘어서 인간을 배제하려는 인간의 마음을 조절하지 못하면 세상의 혼란이 만들어질 것이라고 본다. 인간을 위한 시스템이 아닐 수도 있기 때문이다. 기계를 움직이기 위해서 사람이 봉사를 하는 세상이 윤리적으로 바람직한가는 끊임없는 과제가 될 것이다.

이런 생각이 하다 보면 인간 시스템이 지향하는 효율은 매우 낮은 수준이라는 생각이 든다. 그런데 그래야만 시스템이 운영된다는 생각도 들었다. 우리 모두는 조직에서 평균 또는 평균 이상이라고 생각한다. 그런 자부심은 효과가 있다. 너무 튀지도 않고, 부족하지도 않는 표현이다. 동시에 시너지라는 상승 효과를 위해서 타 부서와 조율을 한다. 정말 그런가요? 나는 정신 승리법 보다 비겁하다고 생각한다.

엄청난 숫자의 세상 인구를 분야별로 쭉 등수를 매기면 정규 분포가 될 것이다. 그렇게 보면 세상은 어떤 분야에서도 절반이 평균 이하다. 나도 어떤 분야에서는 중간 이하, 중간, 중간 이상일 수 있지만 더 많은 분야에서 중간 이하임을 인정해야 한다.

어떤 조직이든 평균적인 중간지점 수준은 이동할 수 있지만 그 안에서 분야를 선택하면 세상은 중간을 넘어선 사람과 중간을 넘지 못한 사람들이 다양한 분야에 존재한다.

사람이 모든 것을 잘 한다는 것은 불가능하다. 너 자신을 알라는 말은 이렇게 내가 잘 모르는 분야가 엄청나게 많다는 것이다. 사람이 반드시 장점으로 살아야 가야 경쟁력이 있는 이유다. 수 만 가지 중에 잘하는 것이 정말 몇 개 안되기 때문이다.

칸트라는 대 철학자도 천재는 알아서 하고, 바보는 어찌할 바가 없고, 중간에 힘써야 한다고 말한다. 공자님도 중간에 힘써야 한다는 비슷한 말씀을 한다. 말 그대로를 인용한다면 생활 속에서 우리는 최고를 지향하지만, 대 철학자들은 중간에 힘쓰자는 이상한 견해 차이를 보게 된다. 내가 그들보다 더 뛰어나다는 생각이 들지 않는데 말이다. Why?

내가 20년 가까이 다양한 기업 조직에서, 우수한 대학이나 실력 있는 인재들을 볼 기회가 있었다. 하지만 시스템의 관점에서는 대 철학자들의 말처럼 운영된다. 스스로 뛰어나다고 자신하는 인재는 시스템으로 통해서 적응하게 한다. 그도 답답하고, 시스템도 답답하다. 개인의 실력과 상관없이 시스템이 돌아가는 것이 우선이기 때문이다.

부족한 인재도 시스템에 돌려 숨이 벅찰 정도로 노오오력을 하게 한다. 뛰어난 자는 나를 알아보지 못함을 탓하고, 부족한 인재는 시스템을 이해하지 못하니 엄청나게 말도 안 되는 일만 시킨다는 불평불만과 이직을 서슴지 않게 된다. 다 나를 중심에 두고 생각하기 때문이다. 그런데 시스템도 시스템의 관점에서 사람을 본다는 것이다.

회사란 기업 실체는 없다. 미생의 대사가 마음에 다가오는 이유는 공감이다. 그 속에서 사람들이, 주어진 역할과 책임이란 약속 이행을 프로세스의 순서에 맞게 하는 것이다. 만들 때부터 계속 수정되어도 이와 같은 방식으로 운영되고 있다. 입사를 하는 순간부터 나의 의견과 상관이 없이 내가 그 시스템을 선택하고 동의한 것이다. 많은 청춘들이 이직을 하는 것은 그것은 내부인만 알 수 있는 것이기 때문이다. 그것이 직장에서 발생하는 게임의 규칙이다.

그럼에도 성공하는 방법은 미리 예측할 수 없다. 톨스토이의 안나 카레리나의 첫 대사처럼 성공하는 것은 아름 아름의 이유가 있고, 망하는 것은 묘한 공통점이 있을 뿐이다. 손자병법은 전쟁은 항상 이기기 위해서 하는 것이 아니라 패하지 않기 위해 하는 것이라고 했다. 조직은 최고가 아니라 어쩌면 무너지지 않도록 하는 것이 가장 중요한 명제가 될 수 있다고 봐야 하는 이유다. 유한한 인간에게 생존이 우선이다.

기업이란 조직을 쭉 펼쳐보면 결국 중간에 집중한다. 이 보다 부족한 사람은 시스템 속의 프로세스 속에서 힘들게 자신을 수련하게 만든다고 본다. 기업에서 사람이 힘든 것이 아니라 일 자체가 힘들다면 이런 관점에서 한 번 둘러보는 것이 필요하다.

어차피 잘 하는 사람들은 시스템에 구애 받지 않는다. 시스템을 이해하기 때문이다. 이 시스템을 이해하며, 개별적인 성취를 이끌어내는 사람들이 있다. 그들의 결과는 프로세스가 받아들인다. 이 사람들의 특징을 잘 이해해야 하는 이유는 그들이 접근하는 전략에서 배울 점이 있기 때문이다.

시스템은 시스템을 잘 이해하고 시스템보다 높은 성과를 도출하는 사람을 선호하지만 먼저 시스템 운영을 유지하는 사람들에게 집중하게 되는 특성이 있다고 생각한다. 시스템을 이해하고도 자신의 꿈과 역량이 더 뛰어나다면 시스템을 떠나 자신만의 시스템을 만들어가는 것이 창업이다.

시스템이란 지향하는 중간지점에 미달한 사람들이 중간에 머무를 수 있도록 하는 것이 목적이며 이 효과를 도출하기 위한 것이다. 20%의 뛰어난 인재는 경기 규칙을 잘 이해하는 리딩 그룹일 뿐이다.

도움을 주는 것이라 생각하는 자와 끊임없이 못살게 구는 것이라고 생각하는 판단이 존재한다. 이렇게 말하면 기분이 나쁘다. 논리와 이성의 문제가 아니라 감정의 문제이기 때문이다. 누가 나보고 중간 이하라고 한다면 좋아할 사람이 누가 있겠는가? 이런 이유로, 인간의 뛰어난 두뇌는 '중간쯤 돼요'라는 가장 두루뭉술한 대답을 한다. 말이 지나칠까요? 세상은 믿으라고 외치는 사람이 많지만, 더 많이 의심하고 확인하는 사람들의 것이다. 믿으라는 사람들이 '왜'라는 질문을 썩 좋아하지 않는 이유는 무엇인가 한 번 되짚어 볼 필요가 있다. 특히 선거는 좋은 이를 이해하는 좋은 예이다.

좌절을 주지 않기 위해서 하는 립 서비스도 필요하지만 현실을 내정하게 인식해야 더 경쟁력이 생긴다. 사람은 욕망의 방향으로 움직이고, 그 욕망은 현실적인 결핍의 정도에 따라서 결정된다. 빈 곳을 채우는 방향으로 이동하고, 다 채우고 나면 다른 빈 것을 채우기 위해서 움직인다. 이것이 인간의 상식이다.

시스템이 완벽하지 않은 것은 인간 때문이다. 가르마도 아닌데 우린 2:8이라는 파레토 법칙을 자주 이야기한다. 정주영의 말처럼 '해봤어?'라는 한마디에 무너질 수 있는 것이 남의 말을 무조건 믿는 것이다. 개미는 이렇게 움직이는지 모르겠지만, 사람은 다르다고 생각한다.

세상은 2:6:2로 봐야 한다고 생각한다. 보통 그래프 한쪽의 20%가 나머지를 먹여 살린다면 그래프 다른 한쪽의 20%는 나머지를 사지로 몰 수 있다고 생각한다. 도둑 하나를 열 사람이 막지 못하듯, 20%가 아무리 잘 한다 하더라도, 나머지 20%가 조직을 망치기 시작하면 조직은 운영되지 않는다. 조직을 망치는 것은 그들이 프로세스를 이해하지 못하고, 지식이 부족해서가 아니다. 오히려 잘 이해하고 지식이 있기에 가능하다. 마치 무협지의 정파 고수와 사파 고수처럼 말이다. 그 차이는 인간의 성정에 따른 것이지 실력의 문제가 아니다. 세상이 항상 exciting 한 이유가 별개 아니다. 역량과 별개로 성품 관리가 사람에게는 필요한 이유다. 이 생각도 관념적인 것은 아직 다 해보지 못했기 때문이다.

시스템이란 조직구조가 사람을 답답하게 만들고, 통제하기 때문에 감성적으로 매우 불편할 수 있다. 나도 그렇게 느낀다. 그러나 그걸 잘 관리하고 통제하는 시스템을 갖춘 조직일수록 성과가 뛰어나다. 그 관리력이 생산성을 결정하는 결정적인 요인이 되기 때문이다.

더불어 사람의 감성까지 잘 보살펴줄 수 있다면 위대한 기업이 되는 것이다. 잘 하는 사람들은 알아서 한다. 중간에 힘써야 한다. 그리고 조직에 도움이 안 되는 사람들에게 기회는 주돼, 엄격하게 시스템이란 약속을 지킬 수 있도록 해야 한다. 특히 이 문제의 20%는 지식이 부족하다는 문제보다 마음의 문제일 때가 많기 때문이다.

영업전략과 시장에 대한 생각

세상을 다 알 수 없으니, 내 마음대로 분석해 보자

불경기의 미학은 시장을 냉정하고 새롭게 볼 수 있는 기회를 준다는 것이다. 생존을 위해서 현실을 보여지는 데로 보는 것이 얼마나 중요한 일인지 체감한다. 내가 종사하는 분야의 경우, 경기가 어려워질수록 트렌드는 명확하다. 잘 둘러보면 모든 시장의 발전 단계에 따라 진행되는 기술적인 도전의 흐름은 모두 유사하다. 최근 클라우드, 인공지능이라 말을 보면 쉽게 이해할 수 있다. 그래서 불경기에는 아래의 것을 유심히 본다.

1. Design: 예쁘다. 편리하다. 멋지다. 독창적이다.

2. 기능: 월등하다. 가성비가 좋다. 독자적인 차별화 기능.

3. 가격: 최저가다. 성능대비 가격이 낮다. 비싸다.

내가 종사하는 전자 업종에서도 저가형의 compact, basic function 제품이 있고, 명품 수준의 고급 기능과 화려한 외관을 자랑하는 고가 기기로 양분되고 있다. 경제 환경이 양극으로 수요를 몰아간다.

B2B산업이지만 표준화라는 유연성이 강화되면 더욱 그렇게 된다. 시장의 크기가 커질수록 대마불사 형 선도기업이 주도하고, 다시 공룡이 게을러질 때 혜성과 같은 신 기업들이 출현한다.

그 외에 이상한 기능들이 제각각 다양한 도전이라는 이름아래 다양하게 안 팔리는 형태로 끊임없이 시장의 빈자리를 채우며 가격을 끌어내린다. 이렇게 양극화된 시장에서 생존하는 두 가지 제품을 비교해보면 둘 다 "이왕

이면 다홍치마"라는 공감대와 수준의 차이다. 불경기의 제한적인 예산을 사용해야 하는 소비지와 여유롭게 선택할 수 있는 소비자들의 패턴은 다르다. iPhone, Galaxy, Xiaomi를 비교해도 유사하다. 세상은 활황기에는 3가지로 segment로 구분될 수 있지만, 불황기에는 세상의 양극화에 편승하고, 가성비가 우수한 제품과 명품으로 시장이 양극화된다. 여기에 표준화까지 이루어진다면 시장 규모가 커지며 양극화는 가속된다.

해외영업이라면 물건 팔 때와 물건 살 때의 마음이 다른 것을 잘 이해해야 한다. 이 부분은 전 세계 모든 소비자가 유사하다. 그 간격이 구매자보다 영업은 더욱 좁아야 한다. 쉽게 말해 일관성이 있어야 시장에 신뢰를 줄 수 있다는 것이고 이런 기업의 정책은 시장에서 충실한 고객을 확보하는 강력한 전략이다.

양극화의 예를 사람에 비교해도 마찬가지다. 비만이 불만족스러운 상태라고 가정하자. 다이어트를 통해서 군살을 제거함으로 우리는 건강한 상태로 복귀하려고 노력한다. 제품도 마찬가지다. 건강한 상태를 넘어서 모델 수준의 몸매를 갖게 된다면 이는 명품에 해당한다.

일반인은 평범하게 지내다가 죽는다는 경고를 받거나, 크게 아프거나 하면 원상태를 회복하기 위해서 노력한다. 평상시 관리를 위해서 노력하는 사람도 있다. 명품과 basic시장을 위한 노력의 차이는 비슷하다. 이렇게 나만의 시장의 position을 이해하는 방법과 학습을 통한 이해를 비교하며 자신의 시야를 확보하는 것이 해외영업에게는 대단히 중요하다.

이론은 책에 있는 것이 아니라 현실을 분석하여 특정한 패턴을 이론으로 책에 조금 담아 놓은 것이다. 책을 보는 것만으로 세상을 보는 안목을 기르는 것이 오랜 시간이 필요한 이유다. 해외영업은 시장을 접하고 다양한 정보를 채굴하는 신경망과 같다. 정보 수집 능력이 부족하다면 관찰력, 자신의 분야에 대한 호기심을 통해 감각의 각을 세워야 한다. 정보의 입력이 줄어들면 정보를 가공해서 나오는 역량도 함께 줄어든다.

Vertical Market이라는 말을 많이 사용한다. Basic에 부가 기능을 특정 목적과 시장에 특화 시키는 작업이다. 쉽게 신발과 종목별 운동화로 구분하면 쉽다. 그런데 과도한 특화가 되면 위에 말한 배보다 배꼽이 큰 상태, 즉 비만이 된다. 세상은 그렇게 다시 순환하고 그 사이에 기술은 계속 바뀐다. 운동화가 바뀐 것은 아니다. 변화의 본질을 이해하는 것은 그래서 중요하다. 전략이란 목표를 다가가는 방법에 대한 다양한 생각이다. 변화의 본질을 이해해야 지금 찾아가야 할 목표를 확인할 수 있고, 그 목표와 변화의 방향이 어떻게 다가갈 것인가에 대한 다양한 정보를 제공한다.

각자 종사하는 업종에서 영업을 한다면 어떤 분야를 개척할 것인가는 대단히 중요한 부분이다. 매번 임원들은 목표 시장에 대한 STP전략을 이야기한다. 위와 같은 논의의 사고를 하면 자연스럽게 시장을 보는 안목에 왜 필요한지 알게 된다. 자동차 휠이 A가 좋은지 B가 좋은지에 매달리다 정작 엉뚱한 자동차를 만들 수 있다. 이런 기획의 불량으로 만들어진 제품이 세상에 가득하다. 그 만큼 세상에 기회도 가득하다.

불만족스럽고, 불량 제품이 많은 이유는 본전 생각 때문이다. 어떤 목표를 갖고 어디로 갈 것인가를 이해하지 못하면 전략의 수립이 모호하게 되고, 전략을 실행하는 영업 조직과 연구 개발 조직은 '이 산이 아닌가벼!'를 반복

한다. 이렇게 많은 시간을 사용하면 인간은 심리적 보상에 집착한다. 모두가 그렇다. 명인이 포기하는 선택이 위대한 이유다. 추잡스럽게 질척거리고 바둥거리는 것이 안쓰럽다. 그래서 생각하고 시작을 해야지 하면서 생각을 하다 보면 사람이 궁핍해진다.

영업 전략이란 내가 어느 시장에 있는지 알아야 하고, 내가 이 시장에서 어떤 것을 할 것인가를 정의하는 일이다. 시간이 난다면 새롭게 진행할 시장을 찾는 일이다. 궁극적인 영업전략의 목표는 시장을 만들고 그 시장의 규칙을 세우는 일이다. 새로운 시장을 만들기 위해서는 잠들어 있는 사람들 마음속의 욕망에 불을 지펴야 한다. 그 매개체로써 제품과 서비스를 만드는 것이다. 왜 기업인들이 인문학을 공부하는 이유는 업을 이어가기 위한 생존 본능이다. 플랫폼이란 이런 전략이 지속적으로 유지될 수 있게 하는 상위하는 개념이다.

업무 중에는 시장의 크기를 비교해야 하는 경우가 있다. 전문 컨설팅 회사도 아닌데 이런 어려운 일을 하게 되면 힘들다. 하지만 기초적이고 상식적인 접근을 위해서 필요하다.

경제활동과 관련된 것 중 사람과 관련된 건물의 형태로 보자. 세상에는 사람이 제일 많다. 두 번째로는 사람들이 사는 주택이 가장 많다. 세 번째로는 상가, 대형 건물이 많다. 마지막으로 청와대, 백악관, 경찰서, 동사무소와 같은 정부 관련 건물들이 많다. 이렇게 크기에 따라서 어디에 기업이 존재하고, 어디에 시장이 존재하는지를 알아야 요구 수준과 나의 수익이 달라진다. 위에서 말한 분류로 상품을 머리 속에서 상상하고 펼쳐보라. 세상의 제품을 보는 시각이 충분히 넓어진다.

Need와 같은 본능 충족 시장은 사람이 잠재적 시장이다. 이 시장에 smart phone은 사람의 욕망에 불을 붙이는데 성공했다. 이는 필요의 시장이 욕망의 시장으로 변한다는 의미다. Wants의 시장은 폭발적이다. 이 결과 엄청난 시장을 만들어 낸 것이 애플이다. 애플이 창조한 시장, 기술, 인간에 대한 통찰력은 기업들에게 좋은 학습 사례다.

세상에서 가장 많은 구조물인 집을 본다면, 집에서 사용하는 제품은 대단히 다양하고, 종류별로 경쟁도 심하다. 반면 건물, 고층건물에서 사용하는 제품들을 본다면 제품의 숫자는 조금 더 줄어들고, 수익의 구조가 높아진다. 관공서는 좀 더 용도가 세분화될 때가 많고, 수량은 제한적이고 고가다. 이런 이해를 갖고 마트에 가서 전시해 놓은 제품, 제품을 바라 본다면 좀 더 이해하기 쉽다. 이렇게 구분한 이유는 내가 전자기기 제조회사에 있다 보니, 전자기기가 사용되는 공간, 공간을 만들어 내고 사용하는 구조물과 사람을 중심으로 세상을 보게 되기 때문이다. 그리고 여기서 각 부분에 질적인 평가를 더하면 입체적으로 시장을 상상할 수 있다.

자신만의 개괄적인 틀을 갖고, 내가 만들거나 판매하는 제품이 지향하는 방향을 이해한다면 가격, 품질, 성능, 기능의 요구 수준을 좀더 복합적으로 이해하고 예측할 수 있다. 이는 손자병법에서 '지피지기면 백전불태'라는 말의 시작이기도 하다. 나를 이해한 상태에서 찾아오는 고객, 고객사의 상황을 이해함으로 영업전략을 세분화할 수 있다. 이런 이해의 수준이 조직 내부의 정책을 따르며, 고객과 조율할 수 있는 능력도 만들어 준다. 해외영업에게 역량이 발현되는 과정이다.

전략이란 목표에 다가가는 방법이다. 목표는 시장에 존재한다. 따라서 모든 해외영업과 영업이 시장을 이해하는 방법도 스스로 만들어야 한다. 기사, 잡지, 연감을 통해서 누구나 볼 수 있는 정보를 바탕으로 한다면 전략의 한계가 존재한다. 이는 당연히 숙지하는 기초다. 각 기업의 고유성이 더해져 차별화된다. 그렇지만 시장에 존재하는 잠재된 욕망을 볼 수 있는 통찰력이 있다면 시장을 만들거나 새로운 시장의 규칙을 설립할 수 있다. 이 때에는 산업의 표준과 표준에 기반한 차별화, 사람의 동작 방식을 검토해야 한다.

차별화를 말하다 보면 자신이 하고 싶은 것을 계속해서 덧붙이는 방식으로만 접근한다. 그리고 대부분 소리 없이 시장에서 사라진다. 경험이 부족하다면 무엇을 빼서 할 것인지를 생각하는 것이 가장 좋은 시작이고, 시장 경험이 많다면 다양한 계층의 고객들이 공통적으로 해결하려는 그 업종의 문제와 도전 과제, 변화에도 불구하고 지속하려는 시장의 소리(VOC voice of customer)를 잘 살펴보아야 한다.

표준화와 차별화

게임의 법칙

차별화와 표준화는 모든 시장에서 고민하는 주제다. 아무리 잘 만들어도 그 제품을 사용하기 위해서 부가적인 투자와 시간을 필요로 하고, 호환성이 없다면 시장은 외면한다.

아이폰에서 128년이나 사용되던 audio connector 표준에 대한 도전을 시작했다. 악세사리를 통해서 표준에 대한 호환을 제공하는 것을 보면 업계 표준의 힘은 차별화가 대체하기 전까지 강력한 힘이 된다. 현실적으로는 충전 시 무조건 블루투스 이어폰을 사용해야 하는 표준화의 힘은 역시 강하다. 표준과 표준에 익숙해진 사용자 경험은 무엇보다도 강력한 진입장벽이자 기회다.

현재 사용하는 무선 통신, LTE, 4G/5G는 무선 통신 표준이다. 표준에 대한 주도권을 갖는 다는 것은 운전대를 내가 잡은 것과 같다. 각 종사 업종의 표준을 이해하고 표준화의 선도 작업을 선행하는 것은 대단히 중요하다. 영업은 이 부분을 잘 이해해야 사업기회를 포착할 수 있다. 신생 표준은 시장 선점을 가르는 길이다. 그 표준화의 확장 범위가 시장의 크기에 큰 영향을 준다.

표준화에 부합하는 것이 시장 진입을 원활하게 만들고 시장 점유율을 올려주는 핵심이다. 이것은 그 업종의 기본이다. 차별화란 무엇인가? 영업적으로는 보다 높은 수익을 가능케 하는 것이고, 시장의 입장에서는 새로운 욕망 또는 문제점을 해결해 주는 것이다. 또는 다른 전문 영역에도 사용될 수 있도록 하는 것을 융합이라고 부른다.

차별화는 사람마다 이해가 다르다. 그라데이션 된 색상 차트처럼 촘촘하게 사람들의 요구사항은 다양하다. 차별화는 일반적으로 B2B시장에서는 특정 목표 시장의 문제를 해결하는 방식이다. B2C는 인간의 감성적 욕망에 부합하고, 이것을 통해서 통상 소요되는 시간을 줄이는 방식으로 구현된다.

마케팅 믹스를 통해서 선택을 하고, 목표 시장을 선정하는 것이 가장 먼저 결정되어야 한다. 모든 것을 다 하는 방식은 가장 빨리 자원을 소진하는 기술에 불과하다. 소량 생산방식은 롱테일의 법칙은 벤처기업 또는 다품종 소량의 맞춤형 제품에서 도전해 볼 수 있다. 파레토의 법칙이 우위에 있는 기존의 대량 생산, 대량 유통, 대량 소비 시스템의 장점을 활용해야 한다. 이 두 가지 방식에도 표준화와 차별화가 적절하게 배합 되어야 시장에서 막강한 위력을 발휘한다. 표준화는 기초가 되고, 이 위에 차별화가 시장과 고객의 욕망에 부합하는 방식이다.

표준화를 유지하며, 차별화를 더해야 한다. 그 차별화에 있어서도 고객들이 해결해 줬으면 하는 문제, 해당 문제에 대한 시장의 욕구, 기술적 구현 가능성, 생산성, 부가가치 창출, 유지보수의 편의성을 함께 고려해서 선택해야 한다. 이런 부분은 영업 혼자서 파악할 수 없다. 영업은 고객들의 잠재된 욕망과 반응으로 판단하고, 연구개발은 기술적 가능성과 기술 표준의 방향을 보면 결정해야 한다.

내 업종은 아니지만 아이폰을 볼 때 아이팟 터치부터 총체적으로 잘 구현한 업종 플랫폼이라고 생각했다. 애플이 다 좋다고 할 수 없지만 이러한 사고와 도전, 기획과 설계 능력은 오랫동안 많은 기업에게 선행 사례가 될 것이라 믿는다. 선 표준화, 후 차별화는 옳다. 이런 부분의 이해가 전략적 기획 업무에 도움을 줄 수 있다고 생각하고, 해외영업은 계산적이 아니라 전략적으로 사고하는 훈련이 되어야 한다.

Partners

끊임없는 신선함이 필요할 때

많은 시간을 영업과 시장 경험, 학습을 통해서 무엇이 고객들의 제품과 서비스 구매 결정하게 하는가에 관하여 대해서 고민하는 일이 해외영업팀 장의 고민이다. 그것만 잘 이해한다면 사업을 만드는 것은 보다 쉬운 단계로 옮겨가기 때문이다. 모든 해외영업이 바라는 염원이다. 누군가는 실적 성과를 위해서 누군가는 이 업종의 문제에 도전하기 위해서다. 경영자도 마찬가지다. 해외영업, 영업들이 경영자에 가장 가까운 사고를 하는 이유다. 회사의 대표성을 갖게 되면서 스스로 갖추고 배우는 자질이다. 지금까지 내가 체험하고, 학습하고 경험을 통해서 이해하는 수준은 다음과 같다.

1) 잘 만들어진 제품은 알아서 팔린다.

2) 대체재가 존재하는 고급 제품은 마케팅이 필요하다.

3) 경쟁이 심한 제품은 영업이 필요하다.

엔지니어는 판매하는 재주가 있는 영업을 볼 때, 아무거나 팔 수 있을 것 같은 영업이 자유로워 보인다. 부럽다는 말이다. 영업이 바라보는 엔지니어는 자기가 만들고 싶은 것을 만들 수 있으니 또한 부럽다. 영업은 누가 개발해주고, 생산해주고, 검사해주고 배송을 해줘야 하기 때문이다. 가끔 화려하지만 내실이 없어 스스로를 바라본다.

현실에서는 자신이 생각하는 그것을 하지 못하는 상대방이 바보스럽다고 보는 견해와 부럽다는 생각이 교차한다. 자신들이 갖은 재능은 당연하기 때문이고, 우리는 비평과 비판에 능수능란하기 때문이다. 개발자들과 이야기를 하면 신입사원부터 수석연구원, 박사까지 다들 이런 속도 모르고, 서로에 대한 편견을 겨루기도 한다.

이 이야기를 하는 이유는 경험을 통해서 또 하나를 배워왔기 때문이다. 내가 기획을 했기에 자부심과 오만함이 있을지도 모른다. 자신의 확신 없이는 용기가 생기지 않는다. 사실 그 확신은 시장과 고객으로부터 온 것이다.

시장의 수요가 시작하기 전부터 반응을 측정해 본다. 전체적인 경제상황은 불경기로 재정의 축소가 발생하고, 인플레이션보다 무서운 디플레이션의 초입을 느끼기도 한다. 현재 상황이 그렇다. 환율마저 해외시장의 구매력을 낮추는 장벽이 되고 있다. 이런 상황에서 새로운 제품들을 결정해 주는 파트너들의 결정이 고맙다. 물론 반대의 경우는 훨씬 많이 존재한다.

고객 미팅을 복기하며 생각해 보았다. 제품도 상당히 좋고, 가성비도 좋다. 그렇지만 구매할 수 없다는 거절을 받았다. 파트너도 대단히 아쉬워하고 미안해하는 어려운 결정이다. 물론 마음이 상하는 것은 어쩔 수 없지만, 그것보다는 왜 그럴까 스스로 복기해봤다. 어려울 때 낙담과 좌절을 오래 하면, 더 큰 그림을 보지 못하고 자멸하기 때문이다.

제품이란 고객이 당면한 문제를 해결할 수 있을 때, 제품의 판매나 서비스의 구매는 결정된다는 것이다. 내가 어떤 고객의 문제를 고려하지 않았을까? 내가 바라보는 파트너와 파트너가 바라보는 우리는 다르다. 상상하지 않고, 정확한 팩트, 그들의 말을 통해서 돌아보는 것이 1차적으로 답을 찾는 방법이다. 2차적으로 시장의 정보를 구하는 것이 고객의 정보는 결국 이 업종의 경쟁자이자 동업자를 통하는 것도 방법이다. 세상을 압도할 제품과 서비스는 쉽게 나오지 않는 것이 원망스럽기도 하다.

제품 기획부터 최신 기술과 기술 트렌드, 시장의 기술 트렌드와 요구사항, 목표 시장의 과제를 고민할 수밖에 없다. 그 부분의 불만은 존재하지 않는다. 그런데 문득 파트너와의 관계를 다시 고민해 보고 있다. 상당히 오랜 시간을 동고동락해온 파트너다. 이것 하나 때문에 서로의 관계가 떨어지거나 멀어지는 고객도 아니다. 상담 중에도 여러 번 말하는 것만으로도 우리가 짚어내지 못하는 부분이 있다. 문득 오래되고 익숙하다는 것은 더 나아갈 부분에 대해서 근시안 적으로 접근한 것은 아닐까 하는 생각하게 되었다.

스스로 신선함으로 무장해야 한다고 생각해 왔다. 그들이 준비하는 미래와 우리가 바라보는 미래가 조금 다른 차이가 존재하는 것이다. 내부의 역량강화를 위한 alignment만 생각했지, 그 일렬화 작업을 시장까지 폭 넓게 전개하지 못한 나의 안목을 탓하게 된다. 틀린 것이 아니라 다른 것이고, 서로 다른 생각을 합해서 혁신을 만드는 것이다. 왜 다른지 먼저 생각해 보고 다가가지 못한 과거의 방식에 문제가 존재한다고 생각했다.

방향성에 대해서는 서로의 신뢰가 존재한다. 하지만 어떻게 그곳을 가는지는 자신이 처한 위치에 따라 다르다. 이런 부분을 돌아보며 아쉬움이 있었다.

"

영업은 연애와 같다

떠들기만 했지 내가 파트너라 바라고 하고자 하는 것이 무엇이지 놓쳤다고 생각한다. 내가 하고 싶은 것에만 들떠 상대방을 깊이 있게 바라보지 않으니 잘 될 수 없었다는 생각을 했다.

아무리 연인이 좋아하는 음식과 장소와 시간을 맞춰 그가 좋아하는 일들을 벌인다 해도, 그 사람의 상황과 그 상황에서의 생각을 고려하지 않으면 좋은 결과를 얻기 힘들다. 이런 부분의 실패가 아쉽지만 서로의 방향과 목표를 교환하는 기회가 되었다. 적시는 '늦다, 빠르다'의 문제보다 서로가 서로를 인정하고 합의를 도출한 시간이다. 내가 인지한 순간이 바로 적시라는 말의 시작이다. 적절한 행동이 따라야 한다. 다시 일 년여의 시간이 지나서 내가 원하는 분야에서 그들이 바라는 형태로 협력이 잘 진행되었다. 일 년이란 시간이 해외영업팀장으로 아깝다는 생각이 들지 않는 것은 아니다. 그렇지만 시작되었다는 것, 어떻게 시작되었는가? 알게 되는 것에 감사한다.

고객은 내 마음대로 할 수 없다. 고객도 우리를 본인 마음대로만 할 수는 없다. 연애와 같이 서로에서 충실하고, 서로에서 더 좋은 모습으로 다가가기 위해서 노력하는 것이다.

사회적으로 불균형한 지위를 이용한 문제가 있는 것을 안다. 그것은 사업형태지만 진정한 사업이라고 보기 어렵다. 연애도 마찬가지다. 최소한의 독립성은 두 당사자에게 모두 있어야 한다. 실력을 배양해야 굴욕을 감내하며 이익을 추구하지 않는 길을 걷을 수 있다. 그렇게 할 수 있는 것이 또 바람직하다. 기업을 대표하는 집단이 비굴해진다면 마음 아픈 일이고, 스스로에겐 부끄러움이 될 수 밖에 없다. 그런 길을 가지 않도록 분발해야 하는 이유다.

실적 관리

실적은 생산성의 결과다

해외영업을 포함한 모든 영업사원의 고민 중 가장 큰 압박과 부담은 실적 관리다. 실적을 달성하면 만사가 모두 아름답고 편하게 느껴지는 성취감을 맞보는 재미도 있다.

영업입장에서 실적은 관리하는 것이 아니라 생산하는 것이다. 관리는 영업관리에서 한다. 실적이 관리한다고 관리가 되는가? 경영학적인 용어를 붙이면 그렇게 되지 않을까 하는 착각이나 희망사항에 불과하다. 실적 관리는 타 부서가 영업을 바라보는 틀이지 영업의 것이 아니다. 실적은 만들어 내는 것이고 생산성과 생산성을 확인하는 지표다.

잔인하게도 기업에서 이 기준을 통한 평가가 삶에 심각한 영향을 준다. 매출만 고려한다면 반쪽 짜리다. 수익도 관리해야 하고, 향후의 사업 전개에 대한 방향과 실행이 머릿속에 연속성을 갖고 지속적으로 수정, 보완되어야 한다. 생존을 위해서 이 일을 끊임없이 반복한다.

짧은 호흡의 삶으로 본다면 실적은 매출에 가깝다. 직급이 낮을수록 이에 대한 반복의 행위와 외부 환경의 변화가 번거롭고 또 재미있다. 잘 되면 재미있고, 안 되면 환장한다. 최진석 교수의 강의에서 말하듯 이는 생존이 걸린 일이기 때문이다. 동시에 매일, 매달의 과정에 집중함으로 일 년, 내년을 내다보는 안목을 함께 길러가는 과정이다. 이 수준이 리더의 역할을 할 수 있는가 없는가에 큰 영향을 준다. 사무실의 많은 사람이 오늘만, 이달만 그렇게 산다. 3개월만 예측하며 살아도 플랜 A, B는 나온다. 여유는 실력에서 나온다.

조금 긴 호흡의 삶으로 보면 과정과 목표를 접근하는 원칙과 방법의 깊이를 살피는 것이다.

많은 사람들이 30년의 주가지수(index value)를 보며 시간이 지나면 오른다는 거시적인 사고를 한다. 맞는 말이다. 그런데 실적은 항상 그런 것은 아니다.

인간의 문명과 노력은 지속적인 발전을 추구한다. 하지만 세부적으로 한 달의 지수만 보아도 올라갔다 내려갔다 하면서 한 달의 방향성은 장기적인 관점의 추세와 다르다. 힘든 오늘은 내려온 작은 시간이기도 한 것이다. 이때 방향성이 있는 사람과 없는 사람은 큰 차이를 갖게 된다. 하루를 살아가는 자와 하루를 살아내는 자의 차이가 수년에 걸친 세월에 축적된다면 단시간에 극복할 수 없는 장벽이 된다.

이런 이유로 노련한 관리자들은 누군가에게 엄격함을 또 누군가에겐 과정을 살피고 재도전을 응원하게 된다. 다른 태도에 대한 하위 직책의 동료들은 불만스럽겠지만, 모든 사람이 특성에 맞게 대응 하는 것이 획일적인 대응보다 더 중요하다.

이런 타인의 평가를 통해서 내가 어디에 있고, 어떻게 살아가고 있는지를 돌아볼 수 있는 기회다. 나의 감정이 아니라 솔직하게 불편한 이야기를 하는 사람들은 최소한 나에 대한 관심과 애정이 있는 사람이다. 그게 없으면 말도 걸지 않는다. 그래서 조심스럽게 그 사람을 바라보는 진정성을 담아서 이야기 해야 한다.

누군가 실적 관리를 잘 하는 법이 무엇이라고 묻는다면? 그는 먼저 직급에 맞는 요구와 질책을 받는지 돌아봐야 한다. 신입사원에게 사업 전략을 만들어 내라는 질책처럼, 차장에게 선적 서류를 잘 만들었는지 확인해서 보고하라는 질책은 적절하지 못한 것이다.

자신이 하기로 약속한 것을 잘 이행하고 있는지도 확인해야 한다. 잘 되고 있다면 그 성공 스토리를 다른 시장에 접목하고, 실패 스토리가 있다면 그 사례를 통해서 학습하고 다른 시장에서 동일한 문제가 발생하지 않도록 조치 해야 한다. 이 과정에서 같은 지역이라도 국가별로 다른 차이와 공통점을 같이 볼 수 있다. 그 경험의 축적이 시장 통찰력을 구축하는데 중요한 정보가 된다.

자신의 존재가 매일 그곳에 자리매김하는 이유를 보는 것은 해외영업을 하는 당사자에게도 중요하다. 아이디어는 매일 익숙한 것을 새롭게 볼 때 생긴다. 사물도 그러한데 시장과 고객, 사람은 당연히 그래야 하고, 스스로 할 수 있다면 더욱 가능성이 열리는 것이다. 그들의 장점을 자주 보려고 노력하게 되는 이유다.

내가 매일 하는데 그 일을 어떻게 하면 잘 할 수 있는지 확인하지 않는다는 것은 자신의 삶을 방치하는 것이다. 사람에게 바라는 결과가 부족한 경우란 스스로 해야 할 것은 하지 않고, 할 수 없는 것을 파악하고도 약속의 시간까지 알리고 대책을 수립하지 않는 것이다.

아주 작은 부분이 운에 따라 결정되지만 운에만 맡길 수는 없다. 운 이란 제대로 해서 잘 되어가는 과정에 생기는 덤이다. 열심히 한다고만 생기는 것은 아니다. 본인이 정말로 자신이 맡은 일을 대충해도 잘 될 때가 그 자리에 본인이 필요 없을 때다. 승진을 해야 하는 것이다. 계속 그것을 해서 더 잘 해야 한다는 마음을 품을 때는 아직 더 연마해야 하는 단계다.

동시에 내가 안주하려는 마음인지 항상 되물어야 한다. 구체적인 사례를 들지 않는 이유는 업종별로 다른 내용을 기술해서 하나가 전부인 듯 말하는 것은 옳지 않다고 생각한다. 한 업종이 부가가치를 생산하는 과정은 유사하다. 그 부가가치 생산 단계 중 특정 부분이 강력한 것이다.

실적은 생산이라고 했다. 그 생산에 임하는 준비 자세와 태도가 더 중요하다. 모두가 슈퍼맨이 될 수 없다. 함께 하는 생산성과 개별 생산성의 조율을 도모해야 하는 것이 해외영업팀장이 실적을 관리하는 방법이다. 흔한 자기계발서가 당신도 슈퍼 히어로가 될 수 있다고 말하지만 사람을 허무하게도 만든다. 보통으로 해서는 자기 계발서를 쓰고, 자신만의 노하우를 말하지 않는다. 그런 엄청난 노력으로 무엇인가를 해온 사람이다. 그래서 일반 사람들이 그것을 쉽게 할 수 있다고 생각하게 하는 것은 좋은 마케팅이지만 독자는 정말 내가 할 수 있는지를 결심해야 한다.

냉정한 말을 하는 이유는 내가 무엇을 해서 하루를 살아내고, 나의 배가 가고자 하는 방향 어느 쪽인지 스스로 깨달아야 하기 때문이다. 그 작은 것을 깨닫지 않고, 미적분을 르피탈로만 해결하려 한다면 삶은 산비탈을 아무 것도 없이 내달리는 야생의 것과 다름없다. 힘들게 살게 된다.

병신년의 실적이란 참으로 나의 기대와 다른 방향이었다. 브렉시트의 현장에서 있었고, 사람들의 마음을 모아 추진한 일이 일정에 맞춰 진행되지 못했다. 마음을 다잡아야 할 때 세상은 혼란 속에 있다. 비록 처음의 계획과 달라진 상황을 판단하고 상황을 타개하기 위한 대책을 세우고 재조정을 할 수 있어 다행이었다. 그 속에 나의 작은 노력과 함께 한 사람들의 소중한 삶의 시간, 노력, 헌신이 함께 있었다. 팀장이란 역할보다 함께 하는 동료들이 있어서 스스로 분발하고 서로를 동기부여 하게 된다.

이런 과정을 통해서 반전의 기회를 만들어 가는 것이다. 해외영업팀장으로써 실적이란 나만 잘해서 되는 것도 아니고 나만의 것만이 아니다. 장단을 서로 맞추지 못하면 불협화음이 나듯, 내부적인 시너지를 도출해야 실적이란 생산성은 향상 된다. 그 생산된 시너지가 고객과 한 번 시너지를 만들어 내야 한다.

향상을 위해서는 숫자를 목표로 하는 것이 아니라 목표로 구현되는 숫자를 지배해야 한다. 숫자가 만들어지는 놀이가 아니라, 왜 숫자가 만들어지는지, 무엇으로 숫자를 만들어야 하는지, 어떻게 만들어야 하는지, 타인은 어떻게 만들고 있는지, 어떤 것이 유효한지, 우리는 무엇을 하고 있는지를 끊임없이 반문해서 스스로와 동료에게 물어야 한다. 그래야 팀장 놀이, 해외영업 놀이가 아니라 진정한 팀장의 역할과 해외영업을 만들어 가는 것이다.

연애를 잘 하면 영업도 잘 할 수 있다

영업과 연애의 유사성에 대한 고찰

해외영업팀장이 시장 개척, 실적, 조직관리, 인력관리, 분석의 일이 아니라 연애를 잘 해야 한다고 말한다면 '제정신이냐?'라고 반문하실 분들이 있을 것이다. 하지만 나는 그렇다고 생각한다.

연애를 잘 하지 못하는 사람이 영업을 한다는 말은 보급 참모가 선봉에서서 일기토(적장과 말 타고 일대일)를 하는 것에 비유할 수 있다. 그럼에도 그렇게 될 수 있다면 더 이상 바랄 것이 없는 상태다.

회사를 통해서 고객을 만나는 과정이나 친구를 통해 연인을 만나는 과정은 대단히 유사하다. 목적은 좀 다르다고 볼수 있지만, 사람을 상대하는 면에서 그렇다. 사람을 넘어 상대 기업을 이해하는 것이나, 연인을 통해서 상대의 집안을 이해하는 것이나 큰 차이가 없다.

해외영업이란 고객의 문제를 해결함으로써 수익과 가치를 창출하는 것으로 요약할 수 있다. 아담 스미스는 공급자가 돈을 벌기 위한 이기적인 마음으로 시작했다고 본다. 나는 고객의 입장에서는 부족한 것을 채우기 위해서 돈이란 수단을 지급했을 뿐이라고 생각한다. 결국 결핍, 문제점의 인지가 우선이다.

연애라는 것은 궁극적으로 내 삶의 동반자를 찾는 일이다. 즉 연애도 어떻게 보면 내가 부족한 걸 인지하고, 내가 필요로 하는걸 갖고 있는 사람을 얻기 위한 노력이다. 이 문장을 사업에 대비해도 비슷한 결과가 도출된다.

결핍과 필요에 기인한다. 그렇지만 내가 누군가의 바람을 채워주는 것이 선행되어야 한다. 물론 각 상황에서 어떤 수준을 선택할 것인가의 차이는 존재한다. 결국 연애나 비즈니스나 상대방을 만나는 것은 그 사람에게 필요한 사람이 되기 위함이다. 먼저 베풀어 내가 얻고자 하는 바를 얻는 방법이다. 내가 필요한 사람이 되지 않는 다는 것은 연예인이 나를 아는 것과 내가 연예인을 아는 차이와 같다. 관계가 형성되지 않는다. 필요한 사람이 되고 싶은데 그렇지 못하면 연애에서는 마음의 병이 생기고, 영업에서는 실적 결핍의 상태로 스트레스가 크게 늘어난다. 연애는 그 병의 증세가 빨리 나타나고 오래 가지만, 해외영업은 시장의 변두리를 힘들게 방황하거나 새로운 고객을 찾아 나서는 이유가 된다.

거래를 하게 되면 고객의 작은 통보에도 영업은 기뻐하고, 어떻게 하면 그 기업의 필요를 속속들이 알 수 있을까 고민을 하고 상상을 한다. 꿈에서도 메일을 쓰고, 해결책을 찾는 사람들이 있다. 조각조각 떨어진 정보를 모아 퍼즐과 같이 그 담당자의 심리, 의도, 상황을 이해하기 위해서 다양한 고민을 하며 발생하는 일이다.

그리고 Plan A, Plan B~Z까지 다양한 전략구상을 한다. 연애 할 때 한 번 보고 두 번 보고 할 때의 설레임과 연인이 되기 위한 목표를 위해서, 상대방 눈에 들기 위해서 다양한 방법을 고민한다. 이런 창의적인 발상은 기업과 해외영업 활동도 마찬가지다. 눈빛만으로도 서로의 마음을 전달하듯, 영업은 빠른 성과 구축이 진행된다. 문제는 항상 조금 익숙해진 다음부터 생긴다. 대단히 중요한 단계다. 발전이냐 종료의 문제이기 때문이다.

비즈니스의 경우에는 일하는 여건에 따라 지속적인 조율을 해야 한다. 문제는 익숙함과 당연함을 갖고 생각하면 처음에 약속한 사항을 느슨하게 하거나, 새로운 조건이 추가되어 잘 이행되지 않을 때가 있다. 서로에게 과한 요구를 하기도 한다. 이 때 불만이 생긴다. 납기, 입금, 제품 품질, 보증

(warranty service) 조건의 진행이 원활하게 되지 않는 것이다. 합의된 원칙이 없어서가 아니라 상황에 따라 조율을 어떻게 할 것인가의 세부적인 문제가 될 때 더욱 때문이다. 극단적인 소송 분쟁의 경우까지 가 본적은 없지만 이 또한 조율의 연속이다. 고객의 마음은 급한데 난 급하지 않다고 천천히 하거나, 솔직하지 못한 경우에는 일이 점점 커지게 된다. 제일 나쁜 기업이 안 물어 봤으니 대답할 기회가 없었다는 비도덕적인 경우다. 이 경우에는 고객이 찾아오거나 우리가 찾아가는 문제가 된다.

그럼 연애는 다른가? 연애도 대개 처음엔 눈에 들기 위해서 발버둥치다 좀 익숙해지면, 개선했던 싫어하는 태도와 습관을 스스로 원위치 하거나 설레임이 줄어드니 나태해지는 문제가 있다. 상대에 대한 존중 없이 '네가 뛰어봐야 벼룩이지'와 같은 성의 없는 마음으로 대할 때가 문제다.

기대하는 행동이 기대처럼 되길 바라는 마음은, 그것이 기준이 되는 것은 사업과 연애가 다르지 않다. 다른 사람에게 한눈 파는 경우도 있을 것이다. 기업도 계약관계에 따라서 변호사가 찾아 올 수 있는 일이다. 연애에서는 갑작스레 상대방의 부모님이 쫓아오는 일이 될지 모른다.

나는 업무를 이야기 할 때 100불짜리 오더와 10만불짜리 오더에 대해서 똑같이 감사할 줄 알아야 한다고 말한다. 금액은 다르지만 100불짜리 서류 작업과 100만불짜리 서류 작업은 똑같다. SCM에서 제조하는 시간과 자원은 다르지만 서류 상으로는 그렇다.

이런 마음과 태도가 사업이 잘 되는 방향으로 움직이기 위한 좋은 태도다. 연애도 이런 아름다운 연인을 만나게 해준 연인의 부모님께 감사 드리는 마음과 태도가 더 좋은 상황을 만드는 것이다. 더 발전되기 위해서는 변화에 대한 노력도 끊임없이 필요하다는 점이다. 삶을 길게 함께 가기 위한 생존 전략이다. 내 품에 있는걸 일관되게 소중히 할 줄 알아야 한다는 것이다. 내 품을 떠나면 사업이던 연인이던 소중히 할 기회가 사라진다.

비즈니스에서 가장 많은 분쟁을 야기하는 것은 품질과 보증(warranty service)에 관한 부분이다. 처음에는 만족하는 우수한 품질이 익숙해지면 자꾸 우수운 품질이 될 때가 있거나, 더 높은 수준에 대한 비용은 지불하지 않고 지속적으로 요구할 때 발생한다. 그 외에도 상황에 따라 변하는 마음과 쉽게 처리하고자 상대방에게 상처를 주는 태도 때문에도 발생한다. 이런 일이 잘 처리되지 않으면 회의 안건으로 올라온다. 고객은 처음 거래 시절을 기억하면 불만을 말하고, 공급자는 변한 상황에 적응하기 위해서 원칙과 위험을 최소화 하는 전략을 구사한다. 결국 양보와 타협을 위해서 소통을 할 수 밖에 없다. 서로의 이익이 걸린 일이기 때문이다.

그럼 연애의 경우는 어떤가? 똑같다. 처음엔 작은 일에도 서로 기뻐해 주고, 조그만 밴드 하나 붙일 상처에도 내가 아픈 듯 한다. 좀 시간이 지나면 엄살이 심하다고 말하면 좋은 반응을 기대하는 것이 욕심이다. '허리가 아파 서있기 힘드네'하는 마나님의 대사에 '그럼 누워있어'라고 무심결에 말을 했다가 10년째 '그 놈의 허리 아프기만 해봐라'라는 말을 듣고 산다.

한가지 재미있는 부분은 기업 자체의 품질은 갑자기 변하지 않는다. 실수를 관리하는 것이 품질 관리의 핵심이란 생각을 많이 한다. 기업의 대표선수로 나온 해외영업 담당자, 연구 개발을 하는 담당자가 사고치는 것이 더 많다. 가풍도 하루아침에 바뀌지 않는다. 개인들이 문제를 만들 듯 영업사원의 불량한 태도, 무례함은 사업을 망치는 원인이 된다.

헤어짐도 마찬가지다. 서로의 필요충분조건들이 더 이상 존재하지 않을 때 끝으로 치닫는다. 하지만 끝이 또 새로운 시작이니 이를 통한 효과가 있어야 한다. 기업과의 관계에서도 한쪽이 파산, 청산, 채무 보류 등 안좋은 예가 있을 수 있다.

일정기간 거래가 되었다면 마음 자체가 악한 경우보단 상황이 그렇게 된 경우가 많다. 사람이 아니라 돈이 거짓말을 한다고 하지 않는가? 끝맺음을 해야 할 때엔 깔끔하게 정리해야 한다. 그래서 계약서를 쓰는 이유다. 그런데 상황 때문에 핑계를 대지, 마무리를 잘 하는 사람들은 정말 보기 힘들다. 연애도 마찬가지다. 헤어진다고 결심을 했다면 싸워봐야 의미가 없다. 어떻게 각자의 길을 잘 갈 것인지, 상대방에게 저주가 아니라 자신의 삶을 잘 살아가길 바래야 한다. 세상은 좁고, 꼭 만나게 된다.

기업도 하루아침에 업종을 떠나지 않는 한 또 만나게 된다. 좋은 마무리는 다시 또 다른 시작을 하는 계기가 된다. 연애는 다시 만날 수도 있다. 다시 만나지 않더라도 볼 때마다 문제가 터지는 악연이 되는 것보다는 훨씬 좋은 결과를 만드는 것이 중요하다고 생각한다. 해피 엔딩은 영업이나 연애나 그것을 잘 유지하기 위한 활동을 하면 된다.

왜 연애를 잘 하면 영업을 잘 할 수 있다고 하는가? 연애가 잘 될 때란 상대방을 잘 듣고 이해하고 배려하고 있는 상태다. 그런 마음의 경험을 한다는 것은 좋은 경험이다. 이 자세를 자신의 역량발전에도 사용할 수 있다면 세상의 많은 일들을 해결할 수도 있다. 고객을 연인처럼 사랑할 수는 없다.

하지만 그런 마음과 느낌을 이해한다면 고객에게 대한 좋은 태도가 무엇인지 알 수 있다. 좋은 태도는 다시 상대방의 성실함을 이끌어 내는 효과적인 방법이다. 삶에서 배운 것을 다양하게 사용하는 것은 스스로 실행을 통해서 깨닫고 더 확실하게 배우는 것이다. 영업과 연애는 혼자 하는 것이 아니다. 내가 하고 싶은 것만 하려고 할 때에 반드시 파국에 다다른다.

내가 아이들에게 인사를 잘 하라고 하는 것은 다름이 아니다. 어른들도 인사 잘 하는 사람이 굶는 일은 없다고 한다. 좋은 태도를 갖은 사람은 사람들이 잘 기억한다.

목표=실행

닥치고 실행, "이순신은 12척 몰고 나가고 싶었겠나?"

알렉스 퍼거슨의 책 '리딩(leading)'을 읽다 보니 "다른 팀이 우승한 것이 아니라, 우리가 우승을 놓친 것이다"라는 말이 나온다. 어떤 조직이던 목표가 있다. 하물며 뇌물을 받거나 불법을 저지르는 사람들도 목표가 존재한다. 내 생각에 목표란 어떤 방향성을 추구하기 위해서 단기적으로 성취하고자 하는 대상이다. 그 목표를 달성하는 과정 속에서 배운 지식과 시야, 확장된 사고를 배우며, 그 다음 단계의 과정으로 간다.

게임의 레벨 업과 같이 능력의 향상이 도모되지만 더 많이 알게 된 만큼 더 높은 수준의 환경들과 다시 한번 맞서야 한다. 승급이 좋지만 올라가 급수에서는 다시 초보다. 그 과정에서 발생하는 어려움이란 다양한 사람만큼 다양한 방향성을 모아서 공통된 지향성을 만들어 내는 과정이다. 리더십이란 그런 것이라고 생각하고, 승급을 하면 목표는 더욱 높은 수준이 된다.

리더십을 발휘하기 힘들면, 벤허의 노예처럼 채찍으로 내리치면 열에 맞춰 노를 젓게 하는 권력의 강요가 발생한다. 권력은 갖은 자는 쉬운 방법을 찾는다. 하지만 명량대첩처럼 모두가 하나가 된다면 누가 강요하지 않아도 서로 도와가며 전력을 다해 앞으로 나아갈 수도 있다. 그 구도를 설계하고 만들어 내는 사람이 리더라 불리는 팀장들의 역할이다.

리더에 대한 일반적 상상은 직급, 직책이 높고 금전적 보상도 많고, 지시하는 상상을 많이 할 수 있다. 내가 해외영업팀장이 되고 나서 생각해 보니 육체적으로 말단보다 못한 직업이다. 내가 농담 삼아 아무 거나 하는 흥신소 주인이라고 하는 이유가 있다. 복마전 아우성과 같은 팀원들의 질문과 요구사항, 임원들의 시시콜콜한 소원수리를 받으면 정작 나의 시간과 내가 하고자 하는 것들과는 멀어지는 삶이 된다. 그 속에서 전체를 향하는 마음과 그 마음을 담아 한 계단씩 올라가는 일에서 보람을 찾기도 한다. 가끔 나도 "모르겠고!!"라는 말이 나온다. 동시에 매월의 사업계획을 보면 머리가 아프다.

상당히 괜찮은 사람들이 존재하지만 중간을 기준으로 절반은 중간 이하라는 논리적 딜레마를 다시 생각하는 것이 편하다. 목표와 상관없이 이런 말을 하는 것은 지피지기를 위함이다. 내가 처한 상황을 정확하게 이해하지 않는다면, 내가 임하는 경기의 규칙을 모른다는 것이고, 허공에 주먹질을 하기 딱 좋은 여건이 된다.

상황은 끊임없이 변한다. 따라서 목표는 지속적으로 변화할 가능성이 있다. 그 변화를 내가 주도하느냐 외부환경에 끌려가는가는 성패와 성취의 정도를 결정하는 핵심이다. 주도권 투쟁과 프레이밍을 하는 것도 다 이런 이유다. 화두와 질문을 잘 던지는 영업이 중요하다. 그 순간 모두 그 화두와 질문을 생각한다. 이것이 얼마나 중요한지는 중요한 미팅의 서두에 좋은 질문을 던지는 것이 그날의 미팅의 향방을 결정하는 사례는 비일비재하다.

어쨌든 오늘은 10%의 진도를 목표로 하다가도 아프면 5%로 조정하고, 앞으로 잃어버린 5%를 어떻게 보완하여 약속한 일정을 맞출 것인가, 여력이 생기면 얼마만큼 더 할 수 있는가에 대한 지속적인 실행 활동이다. 목표란 달성하는 것이기도 하지만 만들어 가는 것이다. 그래서 성취감이 큰 것이다.

그런데 많은 사람들이 목표와 하고 싶은 것(소원)을 구분하지 않는다. 특히 윗사람의 소원을 듣다 보면 그것을 할 수 있는지, 어떻게 할 것인지에 대한 고민 없이 "할 수 있습니다", "해야지요"라는 말부터 내뱉는 부류들이 있다. 나는 그런 자들은 기업에 종사하는 "손금 없는 자"라고 부른다. 손금 없는 자들의 특징은 술 취해 이리저리 발자국을 남기고, 회의 때면 "할 수 있다. 너는 왜 부정적이냐"는 별의별 소리를 다한다. 회의실을 나오자 마자 그들을 찾아 보기 힘들다. 그들은 과정에 대한 이야기가 논의되면 "과거는 묻지 마시고 내일을 이야기 하세요"라는 말을 한다. 그리고 본인들은 계속 옛날 이야기를 한다. 극복하고 힘든 일은 타인에게 밀어서 해결하려 하고, 내일을 위해서는 뒷일은 모르겠지만 소원부터 말하고 본다. 대단히 관념적이고 행동 없이 사는 얄팍한 부류다.

또 한 가지 이런 부류는 자신의 금전적 이익과 영달에는 재빠르지만 조직 전체를 위한 실행 계획에 대해서는 관심이 없다. 사실 있을 턱이 없다. 그리고 전체를 위해서 헌신하는 사람들에게 던지는 말이란 "얼마나 숫자를 낼 거야?", "어떻게 할 거야?"같은 호기심 천국의 세상이다. 그렇다고 도와주는 일도 없다. 내가 귀찮아지는 일이 있는지 없는지에 천라지망과 같은 레이더를 촘촘하게 세울 뿐이다.

나는 이런 사람들도 데리고, 원대한 목표를 달성하기 위해서, 오늘은 무엇부터 해야 할 것인가를 결정하고 그것이 실행되도록 확인하는 책임을 안고 산다. 매일 종이에 진도가 어느 정도인지 확인하고, 부족한 것이 무엇인가를 확인해서 대책을 관련부서와 끊임없이 실행한다. 하기 싫을 때도 있다. 그렇다고 꽃이라고도 하지만 가장이 벌어오지 않으면 가족에게 다가오는 고충을 생각하며, 그래도 내 책을 다 하려고 한다.

목표관리라고 하면 다들 실행 없이 관리만 이야기 한다. 할 줄 모르는 사람일 수록 이런 경향을 보인다. 대장 열명에 사병 1명이 참호를 파는 것을 관리해서는 아무것도 이루어지지 않는다. 관리도 되지 않는다.

보기 좋고 모두가 이해하기 쉬운 것은 숫자다. 그래서 계량화 지표를 KPI index로 만든다. 산수가 안되면 판단하기 어렵다는 수준을 자인하는 것이다. 금액 1백만 원을 달성하면 목표가 달성되고 지금부터 놀아도 되나요? 낮은 수준의 목표에 익숙해지면 사람의 안목과 품격, 가치도 낮은 수준에 머물게 됩니다. 그래서 소중한 꿈과 꿈을 달성하기 위한 실행은 목표와 연결되어야 하며, 그 목표는 새로운 목표를 여는 시작점이 되어야 한다. 우리에게 통찰력이 필요한 이유란 조직과 삶에 있어서 더 원대한 그림을 그릴 수 있기 때문입니다. 적절한 휴식도 중요하다. 목표를 달성하고 다시 좋은 목표의 그림을 그려가는 것도 중요하다.

년 초 목표와 년 말 결과를 비교하는 것은 쉽다. 장수가 한 번의 승리에 도취해서도 안되고, 한 번의 패배에 좌절해서도 안 된다. 한 번의 승리를 통해서는 더 나아갈 방향을 두루 살펴볼 여유가 생길 것이고, 한 번의 패배를 통해서는 내가 무엇이 부족한지를 배울 수 있는 좋은 기회이기 때문이다. 그 과정을 실행한 사람만이 어려움의 원인과 대책, 성공의 요인과 확장 전략을 적확하게 이해하고 활용할 수 있다.

이런저런 생각을 하다 보면 이순신은 12척을 끌고 적진에 나가고 싶었을까? 양만춘은 백 만 대군을 볼 때 어떤 기분이었을까 하는 상상을 한다. 용기란 나에게 주어진 책임감과 소신을 재료로 만들어 진다. 이 요기가 실행에 불을 붙이고 삶의 지평을 여는 열쇠가 된다.

왜 그렇게 회의가 많은가?

知足不辱, 知止不殆, 可以長久

知足不辱, 知止不殆, 可以長久

만족하면 그칠 줄 알아야 하고, 그치는 것을 안다는 것은 위태로움이 없다. 그래야 오래 할 수 있다는 말이다.

잘 돌아가는 회사는 모두들 바쁘지만 유기적이다. 잘 안 돌아가는 회사는 하는 일도 없는 자들이 밥 먹듯 회의를 하며 바쁜 척 한다. 예배당에 가면 돈을 내는데, 월급 받고 매일 답 안 나오는 예배인지 회의를 한다. 이런 이유로 기업들은 회의시간을 단축하기 위해서 다양한 프로그램, 참여자들과 시설비를 금액으로 계량화하여 보여주기도 한다.

우리가 부정적으로 보는 회의의 내용이란 대부분 자신들이 해결할 수 없는 문제(비효율)와 어떻게 해야 하는지 대한 대답을 찾는 경우가 많다. 대답을 찾는데 답이 안 나오면 시간을 주고 답을 찾아오라고 하거나, 그 책임을 어떤 사람이 끌어안을지 눈치 보며 빙빙 돌려서 탐색전을 한다. 이런 회의는 안건도 없이 제목만 있고, 먼저 모이는 것이 중요하다고 한다.

지식과 지혜가 일천한 사람들이 모여서 답이 안 나오니 '다음에 회의 하자'를 가장 빨리 결정한다. 바보라서 그런 것이 아니라 다들 그런 방향으로는 너무 똑똑해서 그렇다. 그들에게는 결과적으로 놀면서 시간을 보내는 것만큼 효과적인 일도 없다는 사실을 입증하는 것이다. 뒷감당을 할 미래가 멀게 보일수록 그렇다.

긍정적으로 바라보고 속이 후련해지는 회의는 사실 회의라고 느껴지지 않는다. 사람이 모여서 방향을 정하고, 실행이 유기적으로 합의되는 회의는 회의라기보다는 목표를 위한 의기투합에 가깝다. 열정을 끌어 올리기 때문이다.

그런데 대체 회의는 왜 이렇게 많은 것인가? 내 생각에 회의가 발생하는 근본적인 이유는 하나다.

"그 직책에 있는 자가 그 자리에서 자신이 해야 할 책임을 모르거나, 책임을 다하지 않거나, 알아도 할 줄 모르는 경우다"

문제가 발생하는 원인이다. 지위고하를 막론하고 이런 일이 생기면 프로세스에 문제가 발생한다. 회의가 소집된다. 그 대상이 상위 직급자인 경우에는 자기 보호를 위해서 아래를 닦달하게 되고, 하위 직급자는 나의 일도 아닌데 대답을 해야 하니 임시방편과 영혼 없이 나오는 대로 떠들게 된다. 거짓말을 하게 된다. 이렇게 다양한 스토리를 쌓아 여기저기에서 소란의 축적이 발생한다.

인사가 만사라는 이야기에 동의하게 되는 이유다. 그 자리를 장악할 능력이나 감당할 잠재력, 노력을 통해서 극복할 의지가 없는 사람이 그 자리를 차지했기 때문이다. 순서로 보면 낮은 능력과 품성을 갖은 사람을 분에 넘치는 자리에 올려놓는 결정을 한 사람이나 시스템이 문제를 더 한 것이다. 하지만 역량이 있던 사람이 높은 지위에 갈수록 나태함에 빠져 발생하기도 한다.

책임은 목표를 완수하는 것이다. 책임을 완수하지 못하는 사람을 집에 보내자니 밥줄 끊는 것만큼 못된 일이 없고, 내버려 두자니 구성원들에게 폐해를 만든다. 그 사이에서 갈등하며 참다 보면 한숨과 고뇌가 많아진다.

직장인들이 소주 한잔을 기울이는 이유도 그렇다. 인간미 떨어져도 공동체라는 조직의 입장에서 보면 냉정한 것이 서로에게 낫다. 인류 역사가 아무리 오래되어도 지족불욕(知足不辱) 지은 잘 이루어지지 않는다. 염치는 사회와 조직을 구성하는 전제조건이지만 개인에게 의지 한다. 염치없는 자는 또 한결 같고 성실하다. 이러한 문제는 정말 어렵고 오래 걸린다.

사람들은 자리에 앉으면 모든 일을 본인을 통해서 결과를 내려고 한다. 서로 돕고, 더 잘 할 사람에게 그 분야를 맡기며 성과를 함께 내는 것이 중요한데 말이다. 기계는 초 연결의 시대에 들어가 인간의 영역에서도 큰 소리를 내기 시작하였다. 인간은 수 천년 전이나 지금이나 한결같이 그 꼬라지를 벗어나지 않는다. 태어날 때마다 reset 되니 그 굴레가 어찌할 수 없는 것일지도 모르겠다.

미팅 하다 맛탱이 가는 일이 줄어들길 바라고, 차 한잔 마시는 여유와 함께 건설적인 회의 문화가 차고 넘치길 바란다. 이런 여유가 빨리 오려면, 각자의 역할에서 기본적으로 해야 하는 일이 잘 돌아가도록 리더들의 확인하고 조치를 취해야 한다.

'네가 하지 않아서'가 아니라 '내가 먼저 돕지 않아서'로 출발하지 않으면 시간 소모용 회의는 절대로 줄지 않는다. 회의가 많은 일은 정말 혼자서 해결할 수 있는 일이 아니다. 조직의 리더들이 합심을 해야 한다. 나와 나의 사랑하는 동료를 위해서 누군가 나설 때가 된 것이다.

왜 야근을 하는가?

나도 하기 싫다

한국 사회에서 야근은 일상이다. 서울 야경이 아름다운 이유는 꺼지지 않는 사무실의 불빛이라고 한다. 4~50년전 지금은 환갑 연배되는 분들이 한참 사회생활을 시작할 때 고도성장과 '하면 된다'라는 정신력으로 일궈오던 문화의 잔재다. 그 때에는 인력을 투입한 만큼 성과물이 도출되는 산업이 주류를 이루었다.

하지만 지금의 성장은 무작정 인력을 투입하는 것이 아니라 인력의 수준이 업무를 감당할 수준이 되었을 때 투입에 비례한다. 이런 근시안적인 과거 성공사례 집착 증후군은 곳곳에 만연되어 있다.

하지만 우리 사회의 산업과 환경은 삶의 발전만큼 고도화 되었다. 산업고도화만큼 운영하는 지식의 변화도 필요하다. 최신 컴퓨터에 청춘들은 본 적도 없는 도스로 운영한다면 이는 자원 낭비다. 그러나 예상대로 우리가 기대하는 변화의 속도는 매우 더디다. 선도자보다 추종자가 많은 것은 당연하다. 이런 변화 선도자가 적을 수 밖에 없는 환경이 아쉽다. 사람들이 소모적으로 활용되기 때문이다. 이는 세대를 넘어 사업의 연속성을 이끌고 가야 하는 해외영업팀장 입장에서 더 많은 역할을 생각하게 된다.

나도 해외영업의 특성상 야근이 많다. 중동, 유럽과의 시차는 오후시간부터 바쁜 이유가 되고, 미주와 이야기를 하려면 늦은 밤이나 이른 아침 시간대에 바쁘게 살 수 밖에 없기 때문이다. 업무 환경의 특수성을 빼고, 야근을 하는 경우란 없어야 한다. 그런데 우리는 야근에서 자유롭지 않다. 심지어 일상 다반사다. 밤거리의 불빛이 이를 증명한다.

근로기준법에 따라서 야근, 특근, 철야에 따른 수당이나 추가적인 교통비의 지급도 일상과 거리가 멀다. 한국에 소재한 중소기업, 중견기업, 대기업, 외국계 기업이 비슷하다. Koreanizaiton이 잘 되는 것은 우리 문화의 수준 때문이다.

제도와 일상의 차이만큼 우리 사회는 요구되는 수준에 비해서 뒤떨어지고, 요구한 사람들의 약속 이행도 높은 수준이 아니다. 이를 극복해가는 과정은 아직도 현재 진행형이다.

우리 나라에서 사람들의 인식과 의식수준이 얼마나 높아졌는지, 물질문명의 발달과 비교하여 균형 잡힌 수준인지 동의하기 어렵다. 선진국이 되는 것은 외형적 물질 문명과 내재하는 높은 의식 수준이 함께 해야 한다.

그런데 왜 우리는 야근을 하는가?

이런 질문을 던지면 수 많은 하소연과 이런 저런 부당한 일에 대한 뒷담화가 넘쳐난다. Work & Life의 균형이란 딴 나라의 이야기다. 외국이라고 크게 다르지 않다. 수당의 지급은 조금 다르겠지만, 외국기업 팀장, 임원들의 업무량을 보면 그들도 야근을 하는 것이 틀림없다. 야근 시간에 연락을 받는 것으로 알게 된다. 나는 좀더 근본적인 이유를 생각해 보려고 노력해 본다.

1. 야근을 하는 가장 큰 이유는 리더의 무능 때문이다.

관리자란 하위 관리자를 부려먹는 것이 아니라 해당 조직이 해야 할 일을 위해서 인력의 장단점을 배치하고 그 과정에서 그들이 잘 할 수 있는 업무를 통해서 보다 높은 성과와 성취, 동기부여를 이끌어야 한다. 그 속에서 조율과 균형을 맞추는 끊임없는 작업이 필요하기에 리더에게 좀더 높은 보상을 하고, 리더는 자신의 역량과 리더와 함께 하는 사람들의 역량에 기대어 상생한다. 이런 이상적인 말은 현실에서 깊은 차이로 인해 불편하다.

현실에서 야근은 그 사람의 능력과 발전 단계를 넘어서는 일을 시키는 경우가 대부분이고, 게다가 그가 할 수 있도록 적절하게 지원을 하지 못하는 리더의 탓이라고 생각한다. 솔직히 말해서 하는 사람이 잘못인가? 상황 판단없이 시킨 사람이 잘못인가? 나도 자유롭지 않다.

야근의 원인은 시킨 사람의 판단이 직급 체계 기준으로 영향력을 발생 한다. 일의 당위성에 관한 문제라면 사전 공감과 필요성을 인지시키는 작업이 필요하다. 그 지시에 대한 책임은 당연히 지시자의 몫이다.

지시에도 불구하고 목표가 완성되지 않아서 야근이 되었다고 해도, 그 실행 대상자와 대상자의 상황을 감안해서 시켜야 한다고 판단하면 이 또한 리더의 문제다. 해외영업팀장인 나에게 이런 기준으로 말하는 사람이 회사에서 드물다. 스스로 갖고 가는 생각이다.

폼 나게 상사는 한가하고 직원은 바빠야 한다고 생각을 갖은 사람도 있다. 하지만 해외 기업들의 팀장, 임원, 대기업의 임원들의 생활을 보면 한가하지 않다. 사실 그래야 한다. 그들의 손에 몇 명의 삶이 달려있는데 노닥거리는가? 업무파악을 하지 못하는 상사에게 보고서를 쓰느라 자기 일을 늦게 남아서 하는 경험이 다들 있다고 생각한다. 업무숙련도를 위해서 일부러 시키는 경우도 있지만 이것이 매일이 될 수 없다. 야근을 가장 많이 하는 원인 중 하나가 리더의 등신력이다. 내가 경계하는 부분이다.

그렇지만 일시적인 업무의 증가, 사건사고의 대응, 교육적 차원의 단기간 숙련도 훈련은 존재하고 감수해야 한다. 일시성을 넘어 이를 방치하는 것 또한 리더의 무능을 증명하는 방법이다. 제일 나쁜 형태의 상급자는 본인은 땡돌이를 하며 하위 직급자들이 burn out되던 말던 살아가는 파렴치한 자들이다. 이들은 리더라기 보다는 하위 직급자들에게 기생하는 것이다. 그 환경의 개선을 이끌어 내야 하는 일을 위해서 리더가 존재하는 것이다.

이보다 좀더 나아 보이지만 피곤한 형태가 있다. 자신도 할 줄 모르고, 하위직원들의 교육 프로그램을 지원하지도 않는다. 그러면서 남의 회사의 부러운 사항을 바라는 것이다. 쉽게 말해 내가 올림픽 금메달이 갖고 싶은데, 이걸 할 수는 없고, 하고는 싶으니 애꿎은 하위 직급자들에게 요구한다.

적절한 지원과 그 성과의 의미를 이해한다면 납득이라도 하겠지만, 그 욕망으로 수 많은 사람들이 야근을 벗삼아 달빛 보고 퇴근을 하게 된다면 타인의 삶에 대한 존중이 없는 것이다. 당장은 구조상 지나가겠지만, 그런 상급자 주변에 사람이 얼마나 남겠는가? 정작 필요할 때 사람들이 따르지 않으면 리더는 허수아비에 불과하다. 이런 부류는 대개 사람을 따르게 노력하는 것이 아니라 화를 낸다.

2. 야근을 초래하는 시스템, 이에 저항하는 사람들의 대책

야근의 일상화 되면 발생하는 현상 중 하나다. 어차피 일찍 업무를 마감하면 다른 일을 더 시켜서 야근하고, 늦게 하면 마무리를 하느라 야근하는 일상이 된다. 이때 황당한 리더들의 정신 나간 소리가 "우리는 불 꺼지지 않는 열정 있는 회사를 만듭시다!" 라고 말하는 부류다. 앞에서도 이야기 했지만 회계 부서 사람이 자판을 칠 수 있다고, 프로그램 코딩을 할 수 있는 것이 아니다.

이렇게 말하는 사람들 중에 야근을 하는 자를 보는 것은 정말 어렵다. 자발적인 열정이 솟아나서 자신의 계발과 도전을 위해서 철야를 하는 것이 나쁜 것이 아니다. 위에서 말한 것처럼 만연된 비효율의 시스템이 문제다. 이런 상황에 대응하는 직원들의 대책은 이렇다.

어차피 야근이니 정상 근무시간의 업무집중도가 떨어진다. 야근은 다시 신체적 피로감을 양산하고 균형이 깨진 생활이 연속된다. Work & Life는 구분이 없어진다.

국가가 백성을 이기지 못하는 것은 정부는 정책을 통해서 목표를 추진 하지만, 국민들은 취사선택을 통해서 자신에게 이익이 되는 것과 제재가 오는 것만 선택하고 회피한다. 정책이 성공하기 어려운 이유는 대상자는 정책을 이해하고 대책을 수립하기 때문이다.

기업도 마찬가지다. 패를 다 보았는데, 이에 적절한 대응책을 만들어 가는 것은 인간에겐 생존본능이다. 리더가 정신을 못 차리고 시스템의 효율과 비효율을 분별하지 못하면 일은 더욱 커진다. 사람들은 "해도 지랄 안 해도 지랄 하면 더 지랄"이란 말을 서슴지 않는다. 조직 문화도 남아나지 않게 된다. 시간을 흘려 보내는 것과 일을 하는 것의 구분이 없어진다.

3. 리더는 분수를 모르고, 손금 없는 모임은 일을 만들고

조직이 커지면 발생하는 일이다. 나사 돌리는 일은 누구나 할 수 있다. 프로그램을 개발하는 작업은 아무나 할 수는 없지만 가능한 인력들이 존재한다. 아주 기발한 프로그램을 만드는 사람은 가용한 인력 중에 없거나 극소수이다.

다르게 표현하면 초등학생 수준에서 풀 수 있는 문제가 있고, 박사급 정도는 되야 풀 수 있는 문제가 있다. 해외영업 담당자 수준에서 처리해야 할 일이 있고, 업체 사장과 담판을 짓는 일에는 팀장, 임원이 나서서 해결해야 할 때가 있는 것이다.

사람의 잠재력을 폄하하지는 않지만, 당장 현안 문제의 수준과 이를 감당할 능력이 되는 인력을 즉시 배치하는 것은 대단히 중요한 의사결정이다. 공짜 좋아하는 우리나라 문화가 인력문제에도 들어간다.

신입사원에게 술 한잔 사주고, 칭찬 좀 하고 업계 최고의 고객을 다음까지 개척하는 임을 주었다고 생각해 보자. 도전을 통한 교육목적이 아니고 한 달이 지나자 왜 목표달성을 하지 않았냐고 추궁한다면 이는 교육도 사업 성과를 내는 것도 아니다. 차도 살인의 계라고 할 수 있는 일이다. 의미 없는 일을 하는 이유란 그 일의 교육을 필요가 있거나, 책임을 전가할 목적일 뿐이다. 어쩌다 신문기사에 나온 불굴의 의지를 갖은 인력이 항상 발생하지 않는다. 그래서 신문에 나는데 리더가 분수를 모르면 조직이 무모한 행동을

하게 된다. 대부분의 이런 일을 실행하고 야근을 시키는 리더가 무모하지 않다.

이럴 때 손금 없는 자들이 덥석 이것을 물고 일을 더 어렵게 만든다. 그러고 야근을 몇 일을 했네, 일을 너무 많이 했네 한다. 하지만 결과가 없으니 헛소리에 불과하다. 나는 이런 류가 하는 일이 야근이라고 생각하지 않는다. 늦은 밤 회사의 전기를 열심히 쓴 낭비일 뿐이다.

근로기준법으로 사무실에 늦게까지 앉아서 전기를 열심히 쓰면 야근이라고 할 수 있겠지만, 이는 기만 행위다. 자신의 마음이 가장 잘 안다. 그렇게 부끄럽게 않게 일하지 것은 노동 공급자로서 고객인 기업을 대하는 마음 자세의 문제다.

이런 일은 묵시적 담합이기에 볼썽사납다. 리더십 중 타인과의 교섭력, 설득 능력이 중요한 이유는 중장기적인 협력 토대를 위해 바른 조직을 만들고 팀원들의 좋은 업무 환경을 구축하기 위함이다. 이런 부류를 볼 때마다 아이들이 어려서 자는 모습을 보면 '최소한 집에 와서 아이들을 얼굴을 보고 창피하다는 생각은 갖지 않겠다'는 다짐을 다시 생각해 본다.

4. 그냥 일하기 싫어서 낮에 좀 놀았다

자발적 태업이라고 할 수 있다. 사람은 감성적 동물이다. 출근길에 맘에 드는 지나가는 사람을 보고 그냥 기분이 좋을 수도 있고, 누군가 내 발을 밟아 하루 종일 기분이 나쁠 수도 있다. 기계는 전기가 들어오면 평균적인 능력을 이행한다. 설명서에도 그렇다고 써있다. 하지만 사람은 기분이 좋으면

한 달 할 일도 한번에 해결하는 확률도 있고, 하루에 할 일도 한달, 일년이 되도록 안 할 수 있다. 그렇게 기분이 나쁘거나, 그냥 오늘 좀 일하기 싫으면 대충 시간을 보낼 수 있다. 그러다 나의 일을 기다리는 사람들의 독촉 때문에 후회 속에 야근을 하거나 마지못해 하면서 대충 비벼서 문제를 타인에게 던지기도 한다. 지랄 총량의 법칙처럼 나는 잠시 행복하지만 문제는 더 커진다. 리더와 팀장은 이런 부분을 조정하는 역할을 해야 한다.

5. 대충이란 결과가 낳은 나비효과

장문의 문서가 왔다. 내용을 줄여서 다시 보고 하라니 대학생이나 사용하던 기술이 나왔다. 글씨 폰트를 줄이고, 줄 간격을 줄여서 10% 분량을 줄여왔다. 이런 대충은 문제를 야기한다. 차라리 못 한다는 말을 할 수 있는 용기와 문화가 존재해야 한다.

우리는 못 한다는 말을 무능력하다는 것으로 이해한다. 문제는 그 부분으로 한정해야 하는데 그 사람 전체를 그렇게 폄하한다. 이런 태도가 대충이라는 문제를 양산한다. 그 대충한 일을 다시 하느라 야근을 하게 된다.

모두들 시스템이란 개념을 담고 있는 조직에서 생활한다. 초등학교 이어달리기를 할 때처럼 즐거움도 있지만 함께 지속적인 목표에 도전하려는 인간의 지혜가 담긴 발명품이다. 그런데 시스템엔 흐름이 있다. 바통 대신 다이너마이트를 넘겨 주기 시작하면 시스템 전체에 문제가 발생한다. 폭탄 제거를 해야 하는 것도 리더의 역할이다. 세상의 일이라 불리는 상당 부분이 무엇을 새롭게 하는 것이 아니라 타인이 망쳐 놓은 것을 바로 잡는 일이다.

대충해서 영업한 결과가 대충 연구 개발하는 이유가 되고, 대충 연구개발한 결과가 제품이 아니라 한 땀 한 땀 다시 작업을 해야 하는 작품으로 공장에서 거듭난다.

다시 이런 일을 어떤 영업사원이 갖고 왔는지 수소문을 하게 되고, 일거리를 갖고 온 자는 안 된다고 말리지 해준다고 해서 열심히 했더니 본인만 고객에게 불만을 받는 다고 토로한다. 연구개발은 해야 될 일인지 안 되는 일인지 분별도 못하냐는 잔소리를 듣고, 영업이 판매 예측이 높다고 해달라고 아우성이니 안 할 수가 없다고 변명한다. 생산하는 제조는 앞에서 똑바로 안하고 말도 안 되는 것을 공장에 갖고 와서 시간과 인력을 낭비한다고 불평한다. 이렇게 시간을 사용하고 다시 밀리 시간을 찾을 수 없으니 야근이나 특근을 한다.

생산성이 떨어진다는 잔소리를 면하기 어렵다. 이 과정에서 문제점을 찾아서 해결하느라 누군가도 야근을 한다. 제조업체라면 누구나 경험하는 이야기다. 근절은 불가능해도 빈도는 줄일 수 있다고 생각한다.

무엇인가 성취감을 느끼는 과정 속의 야근은 종종 자신의 계발과 발전에 도움이 된다. 문제는 시간을 낭비하고, 사람의 마음은 피폐해지고, 전기세만 올라가는 야근이 문제다.

미래를 잘 예측하는 뛰어난 제갈량 밑에서 일하는 것은 나도 싫다. 빈틈이 없기 때문이다. 농담으로 세종대왕 밑에서 일하던 집현전 학자의 태반이 과로사라는 농담이 있다. 이름이라도 오래 기억되는 야근과 과로 속에 성취라도 있으니 다행이라는 부러움도 생긴다. 이도 저도 없는 현대의 직장인들이 삶에서 일의 균형을 찾으려고 노력하는 것은 당연하다. 제도가 없는 것이 아니라 제도를 운영할 마음과 사람이 부족한 것이다. 정말 하고 싶은 일과 열정을 만들면 야근을 떠나 알아서 한다.

나도 팀장이란 직책을 갖고 있으니, 늦게까지 일하는 팀원들을 보면 자유롭지 않다. 늦게까지 일하라고 말한 적은 없다. 얼른 집에 가서 쉬라고 말하는 경우가 더 많다. 이를 통해서 잘 하고 있다는 것을 말하려는 것이 아니다.

주어진 환경과 여건에서 합심해서 도전해 보는 과정에서 종종 야근이 발생한다. 그렇다고 그들의 개인생활에 영향이 가는 것은 최대한 지양하려고 노력한다. 해석은 함께 일하는 팀원들의 몫이기에 나의 노력이 희망하는 결과와 항상 일치한다고 할 수 없다. 노력해 왔고 계속 노력 할 것이다.

내가 야근이 발생하는 것에 대해서 보답할 수 있는 것은 이런 것이라고 생각한다. 내가 아는 바를 그들에게 모두 전달함으로 내가 없어도 그들이 잘 운영할 수 있는 실력 배양에 기여하는 것이다.

당장 수당, 인센티브도 중요할 수 있지만 이는 내 권한 밖의 의사결정일 때가 있다. 물고기를 잡는 법, 내가 아는 것이 비록 부족할 수도 있지만, 그들의 방법과 내가 공헌할 수 있는 것을 더해 더 많은 사람들의 삶이 나아지도록 노력하는 것이다.

좋은 리더가 되려면 끊임없이 공부해야 한다. 예전에 '공부해서 남주냐'며 공부하라던 할머니의 말씀이 생각난다. 공부해서 남에게 줘야 한다. 많이 줄 수록 많이 남는 것이 삶의 영업이다. 내가 주었다고 인정받는 것이 아니라 받았다고 확인해 줘야 내가 준 것이다. 그렇게 주어야 내가 없어도 조직이 원활하게 돌아간다. 그렇게 원활하게 돌아가야 다시 내가 또 하고 싶은 일을 할 시간이 생긴다.

영업의 즐거움

SCM을 폭파하는 괘씸한 목표

다양한 직업이 존재하고 다양한 해외영업 업종이 있기에 느끼는 즐거움도 다양하다. 자신의 직업에서 즐거움을 갖는다는 것만큼 행복한 일은 없다.

우리는 좋아하는 일과 잘하는 일 사이에서 갈등한다. 둘이 조화롭다면 금상첨화지만 좋아하는 일에서는 기회가 부족하고, 잘하는 일은 내가 하기 싫은 경우도 있다. 이런 갈등 속에 금전적 이익마저 결부된다면 더 큰 갈등이 교차한다. 그게 삶이다.

마음이 척척 맞는 사람들과 하고 싶은 일은 하면서 돈도 많이 버는 직장이 가장 좋은 직장이다. 이런 직장은 눈을 씻고 찾아봐도 드물고, 창업을 시작하는 마음이 생기는 이유다. 이 중에 두 개 정도 맞으면 아주 좋은 회사다. 하나 정도 해당되면 그럭저럭 민생고를 해결하기 위해서 다닐만한 회사다. 하나도 없다면 다시 잘하는 일과 좋아하는 일의 고민을 해야 한다. 많은 청춘들이 이직을 하고 이직을 고민하지만 경험자로써 되짚어 보고 결정하기를 바란다.

내가 전자 업종에 발을 들여놓을 때엔 앞으로 1-20년은 괜찮겠다는 생각을 했다. 20여 년쯤 되니 그때의 막연한 예측만큼 지금도 여건이 좋은 것은 아니다. 하지만 분명 좋은 시절을 보내왔고, 전자 업종이 결코 시들해진 것은 아니지만 우리나라의 위력이 예전만 못한 것이 사실이다. 아무리 동네가 발전해도 나만 그것과 상관없다면 문제다. 산업이 발전하고 CAGR이 20%를 넘어도 나만 후퇴한다면 망한 거다.

먼저 아무거나 선택하지도 않았고, 내가 맘에 들고 관심이 있는 업종을 선택했다는 것은 좋은 결정이었다. 업종을 고르고 내가 전공한 직종인 해외영업 분야에 종사하고 해외영업팀장을 하며 그 자체가 큰 즐거움이다. 업종과 직종을 구분하지 못하고 눈앞의 이익을 좇아가면 경력은 쌓이지만 좋아하지 않는 일에 삶이 종속 될 수 있다. 너무 늦게 알게 되면 여러 가지 삶의 굴곡이 생긴다. 자신의 마음을 잘 들여다보고 귀 기울여야 총명한 것이다.

요즘처럼 불안전한 경기 순환과 초 연결 세계의 특징 때문에 한 나라의 문제가 전 세계로 확장되는 효과들이 많다. 이런 환경에서 해외영업의 즐거움도 예전만 못하다. 경쟁이 치열하기 때문에 처음 시작할 때의 마음이 조금 없어져서 그럴지 모른다. 하지만 같은 즐거움이라도 어려운 지금의 시대에 더 고맙게 느껴진다.

영업의 즐거움이란 어찌 되었던 수주, order를 많이 받는 것이다. 그 어떤 즐거움도 이보다 좋은 일은 없다. 영업의 목적이란 결국 제품과 서비스를 시장과 고객에게 공급하는 것이다.

좀 더 넓게 본다면 제품과 서비스를 제공함으로 고객과 시장이 풍요롭도록 기여하는 것이며, 고객과 시장의 문제를 해결한다는 자부심을 품어야 한다.

이것이 곧 Solution이다. 복잡하고 구구절절하고 뭔가 있어 보이는 solution이란 결국 해결책이고 해결책은 특정한 문제, 고객이 갖고 있는 문제를 해결하는 것이다. 그 문제를 서비스로 해결할 수도 있고, 제품으로 해결할 수도 있다. 막연하게 solution provider와 같은 말을 볼 때 어떤 문제를 해결하는지 구체적으로 생각한다면 그들이 어떻게 사업모델을 구축하고, 가치 사슬을 만들었는지 알 수 있다.

솔루션이라고 말하고 제대로 되는 게 없으면 면목이 없게 된다. 브랜드가 면목이 없으면 가치가 줄어든다. 그 중에 가장 좋은 솔루션이란 여러 분야에서 통제할 수 없는 물리적 시간을 단축하는 일이다. 그러면 사람들이 smart, easy, simple이라는 말을 붙여주며 좋아한다.

개인적으로 특허 출원 두 개가 승인이 되었다. 나에게도 즐거운 일이지만, 이 과정을 통해서 함께 하는 사람들에게 기여할 수 있다는 것이 더 즐겁다. 특허가 되었다고 모든 제품이 잘 팔리는 것이 아니다. 쓸모 없는 특허도 많고, 특허가 사업을 보증하지는 않는다. 특허도 되고, 사업도 잘 되어야 한다. 영업을 하면서 나름의 insight를 바탕으로 기획한 내용을 현실로 배달해 준 개발자들이 그렇게 고마울 수가 없다.

특허출원 된 기획 제품을 작년 한 해 프로모션 했다. 특허 출원 아이디어를 기획하고, 이것을 만들 수 있는 사람을 스카우트 하고, 기술적인 검토와 아이디어를 논의하고, 내부 개발기획부터 실행까지 상당히 오랜 시간을 소요했다. 일정이 뒤집어지는 우여곡절도 두 번 정도 넘어야 했고, 지금까지 시장에 존재하지 않는 녀석을 만들었더니 시장 예측이나 사업 ROI 분석도 쉽지 않다. 불안함으로 추궁도 많이 받고, 의심도 많이 받았다. 그럴 때면 사업이 종교도 아니고 무조건 믿으라고 할 수도 없고 차라리 종교가 낫겠다는 생각도 했다.

제품 출시까지 홍보자료만으로 사전 영업을 하다 보니 고객들도 "알았다 알았어. 귀에 못이 박히게 들었으니 이젠 제품을 갖고 와 봐!!"라는 잔소리를 한다. 그런 잔소리가 나오기 까지도 몇 달이 소요됐다. 그럴듯해 보여도 본적 없는 제품이 가능하다고 하면 의문을 품는 것이 당연하다. 그렇게 내가 이 나라 저 나라를 돌며 시간을 버는 동안 그것을 만드는 사람들도 몇 번의 고비를 넘었다. 개발자들에게 구체적인 사항이 있다는 것은 좋은 여건이지만, 시간을 맞춰서 해야 한다는 것은 언제나 벗어나지 못하는 스트레스다. 약속의 굴레가 그들에게는 항상 어려움이기 때문이다.

그렇게 시장에서 사전 영업(pre-sales)을 일 년 가까이 하다 보니 나도 지치고, 바라보는 사람들도 지친다. 만드는 사람들도 지칠 때가 될 무렵 조금씩 고객들의 선 주문이 시작되었다. 가장 먼저 산 고객은 "마이 프렌드!! 너 좀더 작업을 해야 하는 거 알지"하면서도 프로젝트를 성공적으로 진행시켰다.

그리고 대형 고객 하나 둘이 시작하겠다고 하니 모두들 기대를 한다. 사지도 않은 제품을 어디다가 팔았는데 얼른 보내라고 난리인 고객도 있다. 우리 고객 말처럼 'I don't have a word'다. 이런 성취감과 즐거움은 재미있다. 어떤 일이 처음 제대로 돌아갈 때까지 모든 과정은 엉망진창이다. 당분간 두 번 하고 싶은 생각이 안 든다. 그렇게 타박하던 사람까지 조용한 것을 보면 영업의 즐거움은 참 다양하다.

사전 영업 때 나보고 실물도 없는 것을 고객에게 프로모션 한다고 미친 거 아니냐는 잔소리를 하던 우리 팀원이 요즘은 팔 걷어붙이고 제일 많이 수주를 했다. 그렇게 오더가 몰려서 우리 회사에서 새롭게 만든 제품군이 만들어지고 있다. 제품군이 여러 가지가 패키지로 되어 있는데, 상위 제품군은 시제품을 만드는 단계에서 보지도 않고 덜컥 오더가 오고, 다시 추가 오더까지 오니 사실 겁도 좀 난다.

시제품 수준을 대량생산 수준으로 빠르게 움직여야 하기 때문이다. 다들 입에서 단내가 아니라 꿀단지가 되어 실을 뽑겠다고 한다. 가학적인 구석이 없지만 모든 영업은 이렇게 일이 넘쳐나고 모든 부서가 나로 인해 즐겁고 바쁜 모습을 즐긴다. 개발팀장이 "내가 죽겠다고!!!"하면서도 지치지도 않고 열심히 만들고 있다. 처음 데려와서는 복마전에 불렀다고 투덜대더니 요즘은 신이 나셨다. 나는 공장 생산 수용능력(capacity)를 넘겨보는 것이 가장 큰 재미라고 생각한다. 이런 일이 발생하면 대책은 바로 나온다.

일본 고객과 conference를 하느라 각 관련 부서 핵심인력들이 한자리에 모였다. 대단하신 일본 고객님의 세심하고 꼼꼼한 질의에 혀를 내두르게 된다. 하지만 대부분 승인을 받았다. 취조인지 conference인지를 마치고 모두들 중국집에 모였다. 기분도 좋고, 맥주 한 잔씩 했다. '다음 달에 제조하려면 SCM은 큰일이네'라는 농담을 던졌다.

중국 기업의 약진에 하루하루가 불안하던 사람들의 표정이 살아난다는 것만으로도 큰 즐거움이다. "다음 달에 한 번 더 이 수량을 받으면 컨베이어 라인 하나 깔아야겠네"했더니 생산부장이 현재도 충분 하단다. 바로 말을 바꿔서 세 달 연속 받으면 라인을 하나 더 증설 해야 한다고 한다. 우리 팀원들이 품질관리, SCM 사람들이 신이 났다고 수군대고 라인 용량을 터트려보자는 의견 일치를 보았다. 라인 하나 깔아줘야겠다는 목표 아닌 목표가 생겼다.

나도 영업이기에 오더를 많이 받는 것은 대단히 큰 즐거움이다. 좀 더 구체적으로 말하자면 생산라인을 터트려보는 것이다. 과유불급이라고 하지만 개인적인 영업의 꿈이라면 수주를 어마무시하게 받아 도저히 생산하지 못할 정도를 던져주는 아주 큰 즐거움 말이다. 그렇게 다시 해보고 싶다.

이런 어마무시한 꿈을 통해서 함께 일하는 팀원들이자 해외영업 동업자들의 삶이 훨씬 더 행복해지고, 함께 일하는 동료들의 삶도 윤택해지고, 함께 파트너이자 고객으로 살아가는 산업의 동업자들도 윤택해진다면 더할 나위 없이 좋은 일이다.

이런 목표를 갖고 해외영업을 하고 팀원들과 동료들에게 잔소리가 늘어나고 있다. 나도 누군가 말하던 꼰대화 현상에서 자유롭지 못한 것 같다.

청춘의 인생을 소중히 읽어야 한다

동업자 포섭 과정

우리 팀에서 신규인력 채용을 시작했다. 작년 말에 진행했으면 더 좋았을 텐데, 이런저런 이유로 취업시즌보다 늦은 시점에 시작을 하게 됐다. 얼마 전 신문기사에서 대기업 선호와 중소기업의 인력난에 관한 기사가 실감 난다.

대부분이 대학을 가는 고학력 시대의 경쟁은 선호와 비 선호가 가중된 사회를 만들었다. 세상엔 다양한 일이 존재한다. 그 중에 더 힘든 일을 할 사람을 사회는 필요로 하고, 굳이 내가 나서서 적은 대가와 힘든 노동을 해야 할 필요가 없다는 생각도 맞다. 그래서 경쟁을 하게 되고, 사회적으로 이런 편향을 보완하는 제도가 잘 만들어지길 바란다.

사람 뽑는 일은 다양하게 어렵다. 인사담당 차장은 지원자가 적다고 말하고, 나는 지원자만 마우스로 깔짝깔짝 눌러보지 말고, 시간 날 때마다 인력 풀을 찾아보라고 볼 때마다 잔소리를 한다. 어찌나 잔소리를 했는지 우리 팀원들에게 엄청 투덜투덜거렸다는 후문이 나한테도 들린다. 출장을 다녀와서 아침부터 우리 팀보다 인사 팀 차장을 찾아가 "일주일에 한 명씩은 찾으라고 한 말이 기억나 안나?"하고 잔소리를 했다. "두 명이나 찾아서 보냈습니다" 라며 웃으며 말한다.

두 명의 이력서, 자기소개서, 경력증명서를 출력했다. 남자 한 명, 여자 한 명이다. 파트장이 어깨 너머로 좀 보겠다고 기웃거린다. 읽어 보고 줄 테니 기다리라고 했더니 기대 반 심통 반으로 자리에 가서 앉는다.

이력서를 내는 일도 많이 한 세대가 아니지만, 입사 지원자들의 서류를 보고, 판단하고, 면접을 보는 것도 잦은 일은 아니다. 자주 있지 않은 이런 일련의 과정 속에 나의 검토와 판단이 존재한다.

그런데 본적 없는 청춘들의 삶에 지대한 영향을 내가 주고 있다. 다 읽고 파트장에게 넘겨주면 주의를 주었다. 읽다 보면 판단이 생기고 붙어 있는 사진이 영향을 주기도 한다. 그런데 무엇보다 들고 있는 서류에 젊은 청춘의 인생이 들었으니 소중하게 생각하며 보라고 했다. 나의 삶도 누군가의 선택에 의해서 결정되었기 때문이다.

한 명은 파란만장해 보이는 과정을 거쳐왔고, 한 명은 모범적인 자기 삶을 기술했다. 누구의 삶이 더 뛰어나다고 할 수는 없지만, 해외영업이란 직무 연관성 부분이 모두 모호하다. 외국어를 잘 한다고 기술했지만, 외국어를 잘 하는 기준이 결코 시험 점수가 될 수 없다. 생각하는 힘, 논리적으로 본질을 파악하는 힘은 시험만으로 검증할 수 없다. 내가 어학 면접 부분을 조금 돌발적이고 특별한 방식을 사용하는 이유다.

짧은 시간에 다양한 부분을 보기 위해서 면접을 본다. 좋은 질문을 통해서 예측을 할 수도 있고, 기술하는 글을 통해서도 그 사람을 직간접적으로 체험할 수 있다. 실무를 수행할 기초 지식의 배경이 없다는 아쉬움이 있지만 가능성에 대해서는 또 존재한다. 면접을 보는 사람에게도 그들은 소중한 사람이고 잠재적 동업자다.

파트장이 다 검토를 하고 와서 블라블라 이야기를 한다. 열심히 보았는지, 자기 소개서 기술과 문서를 작성한 내용의 불일치, Copy Paste처럼 다른 폰트 등을 세밀하게 지적한다. 무엇보다 해외영업이란 직종에 적합한가에 대한 의견도 낸다. 종이를 넘기며, 우리가 여유가 있다면 이런 분야에 참 적합

할지 모르겠다는 의견을 내는 파트장의 진심 어린 이야기가 참 고맙다고 생각한다. 잠재적 업무 역량을 종이 몇 장으로 판단할 수 없지만 직종 적합성에 대한 베테랑의 의견은 냉정하다. 당장 현업에서 그 대상과 함께 시장에서 움직여야 하기 때문이다.

해외영업 분야에 어문 계열의 지원이 많다. 하지만 무역 관련 학문을 배운 사람들이 우리 회사만 봐도 오래 남아있다. 무시하는 것이 아니라 관련 지식의 부족은 초기에 다양한 시련을 거치는 이유가 된다.

회사의 사업을 구성하는 제품, 서비스는 사실 매일 마주하면서 자연스럽게 배울 수밖에 없다. 그래서 청춘들은 업종과 직종의 차이를 세밀하게 바라볼 필요가 있다. 이런 것들은 선배들이 좀 더 이야기해 줄 필요가 있다. 해외영업을 하고 싶다는 사람이 자동차 해외영업은 가능하고, 제약회사 해외영업은 안 한다고 한다면 이는 직종의 선호가 아니라 업종의 선호다. 또는 당장의 임금과 복지 조건에 대한 선호가 우선 될 수 있다. 업종은 자기가 앞으로 살아갈 시대를 상상하며 선택하는 것이 좋고, 직종은 자신의 선호와 지식을 함께 보면 좋다. 이를 잘 돌아보고 선택하지 않으면 입사 후에 다시 어려운 선택을 하게 되고, 경력이 지식으로 축적되는 과정이 더디게 될 수 있다.

다시 인사 담당자에게 가서 서류를 꼼꼼하게 읽어 보고 보냈는지, 그냥 지원자 서류를 통과시켰는지 한 번 더 확인하는 잔소리를 했다. 왜냐하면 그 사람이 gate keeper이고 그곳부터 지원하는 청춘들의 삶을 소중하게 볼 필요가 있기 때문이다.

나의 판단도 파트장의 생각과 같다. 한 가지 말하지 않고 생각하는 점이라면 얼굴 한 번 보지 않고 하는 판단이 맞을 때도 있고, 틀릴 때도 있다는 생각이다. 파트장은 인사채용 검토를 처음 해보는 것이다. 인사 담당자는 사람을 구해줬으니 면접을 보라고 스토커처럼 쫓아다닌다. 아침의 태도를 보면 이게 성심성의를 표현하는 것인지 잔소리를 그만 듣고 싶은 소원인지 알 수가 없다.

"면접을 한 번 볼까?"라는 의견에 파트장도 호기심이 반쯤 왔다 갔다 한다. 다시 잔소리를 하게 된다. 왜냐하면 본인도 청춘의 인생에 영향을 주는 과정에 최선을 다해야 한다는 것을 재확인하고, 본인도 이런 채용 과정을 훈련하는 것이기도 하기 때문이다. 나중에 많이 해야 하니까.

새로운 업무인 면접을 통해서 스스로 무엇인가를 발견하고 배울 수 있다. 자주 없으니 할 때 잘 배워야 한다. 새로운 고객을 찾아갈 때마다 해외 영업은 면접 대상이 된다. 성과 없이 돌아서는 길을 수도 없이 걸어야 하고, 걸은 만큼 다시 성과를 만들어 내는 직업이다. 한 번 만나주는 고객이 고마울 때도 있고, 한 번 만나보고 싶은 고객이 있고, 제발 찾아오지 않았으면 하는 고객도 있다.

"좋은 질문을 준비해봐, 그래야 본인이 듣고자 하는 답변을 들을 수 있다"고 했다. 네가 보기에 부족해 보이고, 어리고 젊은 청춘들이라는 관점도 맞지만, 그들이 좀 더 즐겁고 잘 살아가는 청춘이 되는데 보탬을 주는 것도 앞서서 살아가는 오래된 청춘들의 몫이기도 하기 때문이다. 우리도 그렇게 지금의 자리에 서 있는 것이기도 하니까. 이런 생각은 말로 전달하지 못했다. 그것도 또 편견을 낳기도 하지만 잔소리 많은 팀장의 말이 무슨 말인지 잘 아는 파트장이다. 직무는 파트장 정도면 알아서 다 파악할 때다. 신입 사원에게 모든 직무 역량을 기대한다면 차라리 과장급을 뽑는 것이 낫다. 그런 말을 하는 사람들도 신입일 때 형편없었다는 것을 기억해야 한다.

인사 담당자는 다시 입사 지원자들에게 전화를 하고, 한 청춘은 쉬고 계신지 바쁘신지 성의 없는 답변이다. 다른 청춘은 이직을 준비 중이기에 나보고 야간 면접을 보시잔다. 이런 인사 담당자의 말을 들으면 우리나라 청년 실업률이 왜 높은지 다시 생각하고 싶은 생각도 든다.

인연이 될지 안 될지 모르겠지만, 입사지원자도 인사 담당자도, 채용을 요청하는 실무 팀도 사람을 뽑는 일임으로 최선을 다해야 한다. 인사 담당자의 전언이 유쾌한 기분에 장애를 주기도 하지만 지금은 어려운 시절이다. 가끔 사서 고생한다는 생각도 하지만 전자, 제조업, 해외영업으로 사람 찾기가 쉽지가 않다.

실업률과 업체들의 구인란이란 이종격투기는 좀 지나면 끝날 것이다. 그때가 되면 사람이 정말 귀해질 것이다. 현재의 청년들이 일본의 낀 세대와 달리 잘 자리잡길 바란다. 그들이 잘 자리 잡아야 다음 세대도 좋은 시작을 하는 배경이 될 수 있다. 자식들이 잘 되길 바란다면 자식 세대가 사회에 진출할 때 멋진 세대가 이끌어 주길 바라게 마음도 있다. 그 시작은 작지만 나부터 시작하는 것이다.

Collaboration

In the connected world

아침 일찍 잠에서 깨어난 것을 보니 전시회를 시작해야 한다는 현실이 다가온다. Vegas의 여명이 붉게 물든 모습이 묘한 기운을 갖게 한다. 붉은색을 좋아하는 나로서는 옆으로 누워서 눈을 비비며 바라보는 창 밖이 기분 좋다.

어제 전시 부스를 설치할 때부터 잘못 틀어진 상황을 모두가 함께 풀어가는 모습이 기억났다. 목공 처리한 부스가 잘못되면 설치부터 문제가 많다. 아이디어와 상황을 풀어가는 혼연일체의 모습이 등판 전의 긴장을 낮춰 주었다. 팀워크란 함께 모인다고 발휘되는 것이 아니라 함께 하는 마음이 모였을 때 발휘된다.

Opening time에 시간이 비어, 전날 다른 호텔에 special booth를 만든 업체에 다녀왔다. 직접적인 거래처는 아니지만 고객을 통해서 Software 개발 업체와 협력을 하고 싶었다. 최근 유행하는 Keynote가 connectivity라고 한다. Machine learning, deep learning를 통해서 autonomy를 구현하려는 시도가 다양한 분야에서 시작되고 있다.

각 사업 영역에서 각자의 목표를 위한 다양한 device 연결을 통해 잠재된 패턴을 찾아 자신들의 사업영역에 대한 service & solution을 제공하려는 경쟁 때문이다. 이를 위해 어떤 데이터를 모아야 하는지 다양한 분야의 관점에서 바라보고 있다. 뭔가 복잡하고 새로워 보인다.

하지만 사람은 역사 이래로 connectivity를 추구하고 실행해 왔다. 최신 기술도 결국 사람의 행동에 기반하고, 그 행동을 통해서 생각을 읽으려 한다. 마치 사람들을 만나서 그들의 말, 행동을 통해서 상대방의 생각을 확인하고 그들의 의도와 방향을 읽으려고 노력하는 것과 동일하다. 그 후에 내가 해야 할 것을 결정하는 행위와 일치한다.

이런 노력이 더 큰 기회와 시장, 때론 서로에게 좋은 운까지도 불러온다. 기계에 이식하는 활동이 인간의 경험과 학습을 통해서 지식을 축적하고 궁극적으로 지혜를 만드는 창의적인 과정으로 나아가는 것과 다른지 않다. 4차 산업도 ICT기술을 이용한 광대역 정보처리를 통해서 제조 산업의 기술적인 혁신을 도모하는 것이라고 볼 수 있다.

그렇게 첫날의 한가한 opening time을 초대로 해결했다. 미주시장 팀장은 아니지만, 지인 업체를 불러서 저녁을 하면서 추가로 빈 시간대를 채워나갔다. 전시회란 우리를 알리는 시간이기도 하지만 시장의 직접적인 wants를 듣는 시간이다. Needs는 전시회 전에 채워져 있어야 한다. Needs는 어떤 면에서 각자가 소속된 업종, 제품의 기본에 해당된다.

무리해서 미주팀장에게 함께 전시회에 가겠다고 의사표현을 했고, 그에게 유럽 전시회에 초대하기로 약속했다. 과거와 같이 문화적 특성과 지역만으로 시장의 특수성을 설명하는 한계에 직면하고 있기 때문이다.

서로를 알아야 하는 이유 중 하나는 네트워크를 통해서 연결된 기계가 사람을 연결하게도 하지만, 연결된 사람들은 창의적으로 사업 기회와 협력을 이어주기 대문이다. 선의의 경쟁도 하지만 요즘 힘들어하는 미주 사업팀장을 도울 수 있다면 나에겐 행운이다. 이번 전시회의 메인 제품이 바로 내가 제품 기획한 solution이기 때문이기도 하다. 그가 나를 돕고 있으니, 나도 그에게 보답해야 하는 것이 인지상정이다.

전시회가 시작되고, 초대한 SW 개발업체에 presentation을 시작했다. 의도적으로 빈 시간대를 선발로 등판하는 이유는 한 가지다. 기획자가 PT 하는 방식과 대응을 보면서 다른 영업들의 긴장감을 줄여주고, 설명할 부분을 상기시키는 것이다.

전시회가 시작되면 멀뚱멀뚱 있을 것이 아니라, 누군가 첫 손님을 적극적으로 받는 1번 타자 역할을 해야만 한다. 작년 유럽 전시회 때 우리 팀 막내가 '아휴 혀가 풀려야 하는데'하며 긴장된다고 한 기억이 났다. "막내야, 지나가는 사람 아무나 붙잡고 연습한 데로 설명해봐. 어차피 지나가는 사람 널 기억하지 않아. 부담 갖지 말고 해봐. 기억이 나고 관심이 나서 다시 찾아온다면 두 번째는 부담은 반으로 줄어들어"라고 해줬던 말을 내가 다시 하는 것이다.

이렇게 제품과 solution 설명을 하고 난 뒤, 함께 따라온 대만 업체가 관심을 표명한다. 어떤 면에서 상호 거래 관계가 아닌 공동의 고객을 위한 third party collaboration인데 오히려 SW업체에서 적극적으로 integration을 하자고 제안을 한다.

고객의 요청을 손쉽게 해결하고, 추가로 이쪽 SW를 사용하는 업체와도 추가 협력 기회가 되었으면 하는 생각이 들었다. 지인은 개발 요청과 미주 시장의 최신 동향 등 현지에서 파악할 수 있는 많은 자료와 정보를 담아주었다. 고마움을 이루 말할 수가 없다.

이렇게 개막전을 치르고 나니 고객들이 하나 둘 시간 맞춰 등판하기 시작한다. 작년 전시 결과에 실망하고 불평 불만도 많아서 다들 긴장을 했던 것 같다. 부사장님이 진두지휘하던 자회사 회의 중간에 갑자기 나오셔서 질문을 한다. 개발팀장이 갑자기 등을 떠밀어 미팅에 참석하게 됐다. 이런 부분은 문제를 해결한다는 측면에서 상관없지만, 함께 일한다는 측면에서는 부담이 된다. 아니다 다를까 자회사 미팅이 끝나자마자 부사장님의 잔소리가 시작된다. 커피를 들고 자리를 피하게 된다.

한 바탕 잔소리가 지나가고, 자회사 녀석들을 불러서 제품을 설명하고 관리자들에게는 빙빙 말을 돌려서 압박을 주기 시작했다. 너무 기를 죽이고 잔소리를 하면 흥이 깨진다.

가볍게 "너 금년에 이거 몇 개 팔 거야?"라고 물어보니 무려 1개를 팔겠단다. 싸대기를 올려 붙이고 싶지만 미국인들의 가벼운 품성에 똑같이 대응할 필요가 없다. 어차피 내일, 모레, 전시회가 끝날 때까지 매일매일 쉬지 않고 물어볼 계획이기 때문이다.

마케팅은 마케팅 전략에 따라서, 개발팀은 개발팀 역할에 따라서 소규모 그룹으로 분산해서 유기적인 대응을 한다. 말하지 않아도 자율 주행하는 모습은 모두를 즐겁게 한다.

분위기가 조금씩 바뀌니 시간이 갈수록 더 재미있는 일이 생기기 시작한다. 전시회 전에 대표이사가 밥 먹자는 말이 나오게 하라는 특명 때문에 스트레스가 천정을 때리던 담당자의 고객이 왔다. 작년과 같은 분위기가 된다면 곤장을 맞을 분위기라고나 할까? 8명쯤 온 고객들이 제품 전시를 시작하고 나자 전 영업, 마케팅, 개발팀들이 한 명씩 붙잡고 질문에 대응하기 시작했다. 시간이 되어 가라고 해도 자리를 잡고 앉아 있는 고객 때문인지 잔소리가 넘쳐나던 부사장님의 어깨가 목 위로 올라가기 시작했다. 그리고 결국 거래업체 사장이 밥을 먹자고 먼저 제안을 해왔으니 사업적으로도 잘 되었고, 고군분투하던 담당자도 한껏 신이 났다.

다음날 다시 자회사 녀석에게 '몇 개 팔거야?'하고 질문하니, 2개로 바뀌었다. 웃으면서 100% 성장이라고 대꾸했다. 그 다음 날은 4개로 바뀐 것을 보면 본인도 내가 왜 매일 물어보는지를 잘 이해하고 있는 것이다. 다른 자회사 녀석은 시키지도 않았는데, 예전 거래처 사람들을 알아서 데려오기도 한다.

잔칫날 굳이 화를 내고 닦달하지 않아도 해야만 하게끔 느끼게 한다면 협력은 자연스럽게 유발된다. 바람이 나그네의 옷을 벗기지 못하고, 해님이 그 목표를 완수하는 이야기처럼 말이다. 해님이 항상 옳은 것이 아니라 화진양면 정책처럼 바람을 경험해야 해님이 고마운 것을 아는 것이다.

미주시장에서 가장 큰 고객이 왔다. 우리가 도전하고, 내가 기획한 솔루션이 그들에게도 선택될지 궁금했다. 현재 그 분야는 타사의 것을 사용하고 있다. 장시간의 미팅을 하고 나서 나온 미주 사업팀장의 입이 귀에 걸렸다. 정말 그렇게 쉽게 기회가 열린 것인지 의아했다. 사업적으로도 적은 금액이 아니고, 모두의 노고가 결과로 이루어진 일이기에 보통 기쁜 일이 아니다.

전시를 마무리하고 모두가 모여서 식사를 했다. 소감을 한 마디씩 할 기회에 모두들 들떠 신이 났다. 나는 세 가지의 즐거움이 있었다고 했다. 하나는 이젠 모두가 협력을 통해 만들어진 공통된 경험을 갖게 되었다는 것이다. 두 번째는 제조회사의 뿌리인 연구, 개발 조직의 노고에 감사할 수 있는 기쁨과 미주 전시회에 좋은 제품을 올리기 전까지 우리 팀 팀원들이 일 년 넘게 유럽, 아시아, 중동, 러시아 시장에서 market field test와 판매를 이끌며 고군분투한 노력에 대한 감사다. 이것이 없었다면 다른 지역 시장에서 미주 시장까지 이어달리기는 불가능했을지 모른다. 보통은 미주시장의 성공을 바탕으로 타 지역시장으로 분배하는 방식이 가장 전형적인 방법이기 때문이다. 마지막의 소소한 개인적인 기쁨이라면 기획자의 관점에서 이보다 흐뭇한 일은 없을 것이다.

흥이 난 부사장님이 전시회 마지막 날 거나하게 한 턱 쐈다. 모두들 잔치 분위기다. 힘들게 우리 회사에 모셔와서 기획한 제품과 솔루션을 만들어준 개발팀장이 그리 고마울 수가 없다. 아마도 평생 기억할 것이다. 알파고도 전기 내리고, 네트워크를 막으면 무용지물이다. 하지만 사람은 연결되기도 하지만 오랫동안 기억하기도 한다. 감동은 기계가 느낄 수 있는 것이 아니기 때문이다. 미주 사업팀장의 정말 고맙다는 말까지 듣고 나니 우리가 더욱 가까워졌다는 것을 느낀다. 사람의 연결이란 마음과 마음의 연결이다. 이를 통한 협력은 기계의 신호 연결과 막대한 수리능력을 넘어서는 것이다.

병신년에 체감한 중국의 전자 업종 시장 약진은 살을 애는 듯 날카로웠다. 내가 병신호란이라는 농담을 하는 이유다. 전 세계 20% 이상의 인구들이 열정을 갖고 도전하기에 여러 분야에서 그들의 힘을 체감할 수밖에 없다. 중국의 시장 참여 이전에 존재하던 노동력이 중국의 참여로 두 배가 되었다. 시장이 두 배가 되지 않았기 때문에 경쟁은 치열할 수 밖에 없다.

무식하게 그들과 같은 숫자와 같은 경기의 규칙으로 해결할 수 없는 일이다. 나 그리고 내부의 협력, 외부의 협력이란 연결을 통해서 다시 새로운 도전을 해야 한다. 우리만의 강점을 재구축하는 것이 경쟁력이다.

작은 시작이지만 함께한 목표의 크기는 아직 예상하지 않기로 했다. 나만의 작은 소견으로 예측하는 것이 아니라 우리라는 입장에서 해야 하기 때문이다. 다시 내 자리로 돌아와 다가오는 유럽 전시회와 새해에 보고 싶은 기획도 다시 해볼 계획이다. 시장을 기획하는 것과 제품이나 서비스를 기획하는 것은 크게 다르지 않다. 어떤 문제를 해결할 것인가를 명확하게 정리하는 것이 중요하고, 그 협력을 구축하는 것이 가장 중요하다.

상상을 현실로 끌어내는 방식

4차산업, 그래도 인간이 중심이다

4차 산업혁명이 되면 직업이 없어지고, 기계가 세상을 지배한다는 기대와 공포를 상상하는 시대에 살고 있다. 그 만큼 영향이 크다는 반증이다. 낮은 수준의 센서(IoT)가 만들어주는 돈벌이보다 이것이 지향하는 방향을 바라보아야 한다. 마이너리티 리포트 영화에서 그려진 상상과 현실의 차이는 아직 존재한다. 네트워크를 통해서 상상을 현실화하는 목적이 궁극적으로 인간 문명의 발전과 인류의 행복이란 것도 이해해야 한다.

각 산업에 infrastructure 기반을 제공하는 통신, 네트워크, 운영시스템 산업은 자신들이 각 산업에 플랫폼을 제공하고 있고, 협력함으로 융합 또는 확장을 하려고 한다. 플랫폼 사업자들은 각 개별 산업을 contents로 융합하려는 전략이 있다고 생각한다. "초연결성"이란 화두와 명분을 통해서 내가 먼저 도와 줄 테니 함께 해보자는 전략을 구사하는 것이다. 막대한 자본력과 유혹은 매력적이다. 그런데 도와 주기만 하는 것이 아니라 효과적으로 산업 지식의 근본을 탈취하려는 시도로 볼 수도 있다.

두 번째는 이런 ICT 기술 플랫폼을 제공하는 업체는 물리적이고 아날로그적인 방식에 취약한다. AI, Deep learning과 같은 data science를 통해서 새로운 방식으로 구현하는 기술과 플랫폼을 제공한다고 하지만, 최근 플랫폼 기업들을 보면 궁극적으로 기존 산업을 자신의 플랫폼에 넣어서, 현실세계에 그 산업의 새로운 실물을 제공하려는 도전 목표도 갖고 있다고 생각한다.

마치 거대한 스폰지가 산업의 범위를 가리지 않고 각 산업의 지식을 빨아들이려는 자세는 최상위 포식자처럼 비춰질 수 있다. 이런 포식자에겐 일정한 규제가 필요한 것도 생태계를 보호하기 위한 사실이다.

반면 기존의 산업은 인간 문명을 토대로 존재해 오던 고유한 분야를 사업화 한 것이다. 표준화의 정도에 따라서 산업의 크기가 결정된다. 각 분야는 고유의 산업 표준들이 존재한다. 해당 표준은 진입장벽의 역할, 융합시 주도권 우위를 제공한다. 물리적이고 아날로그적인 분야는 지속적으로 기존 산업의 보호막 역할을 하겠지만 미래를 위해서는 어떻게 협력할 것인가에 대한 분석과 제도적 보완을 요구할 것이다.

실물을 유통하고 알려야 하는 시대에는 서비스와 유통의 힘이 대단했고 지금도 open market만 보면 이 분야의 진화도 대단하다. 하지만 각 제조 산업이 없다면 서비스 형태의 유통, 금융의 의미는 퇴색할 수 밖에 없다. 왜 4차 산업시대에 제조업 부흥운동이 나오는지 생각해 볼 일이다.

베팅할 대상이 존재해야 하고, 생산해야 유통을 하기 때문이다. 한계 성장에 도달한 산업은 실물과의 거리가 멀어지고 결국 통제할 수 없게 된다. 기술발전을 통해서 유통이 물리적인 공간이동 외에 제공하던 다양한 서비스를 대체한 것도 한가지 이유다. O2O시장 전체로 보면 아마존이 월마트와 비교할 수준이 아니다. 아직도 실물 경제가 보유한 힘은 강력하다. 그렇다고 새로운 분야의 괄목상대한 성장을 부인하는 것도 아니다. 현재는 기존 산업이 속한 문명과 새로운 산업 형태를 추구하는 문명이 상호협력에 대한 다양한 시도를 하는 과정이다. 서로의 역할 방식이 기존과는 크게 달라진 방식을 실험해야 하는 것이다.

그렇다고 각 산업의 본질은 바뀌지 않았다. 단순한 일들이 자동화를 통해서 대체된다는 것이다. 쉽게 말해서 석탄을 가상으로 채굴할 수 있는가? 이건 새로운 연금술사를 찾는 것과 같다. 회계사는 대체될 것이라고 생각한다.

회계는 영수증의 장부 정리가 아니라 용도에 대한 판단이 필요하다. 무조건 투명하게 한다면 사용자들이 좋아할까? 자동화된 기계적인 회계처리는 기업을 위험하게 할 수도 있고, 부실기업을 정리하는 방식이 될 수도 있다. 이런 예측을 하는 사람들과 그 분야에 그 종사자 하는 사람들이 더 세심하게 분석해 볼 필요가 있다.

왜냐하면 각 영역의 고유성은 서비스화가 가능한지를 판단해 볼 필요가 존재한다. 영업은 크게 바뀌지 않을 것이다. 농담처럼 누군가 고객의 불만을 들어줘야 한다. 스팸 메일이 되어가는 홍보 메일보다 아직 전화는 효과적이다. 해외영업도 4차 산업기술 발달에 따라 통역의 문제가 해결되면 누구나 할 수 있을 것이라고 생각할 수 있다. 출장 중 구글 번역기를 사용하지만 일상의 의미와 다양한 감성을 전달하려면 더 많은 시간이 들 것이다. 관심 있게 바라보고는 있다.

기존의 제조 산업은 물리적인 존재에 기반한 산업이 주류이며, 이를 금융 산업이 가상화 하여 새로운 산업을 만들었다. 연결되어 있는 듯 하지만 동기화가 잘 되었다고 보기 어렵다. 만약 금융에 제도적 규제가 없다고 생각하면 도박 시스템과 유사하다는 생각을 한다. 모든 국가들이 금산분리와 같은 정책을 유지하는 이유다. 적절한 규제가 없다면 바벨탑과 같이 주저 앉는 위험성이 높다고 볼 수도 있다.

2008년의 금융위기도 실물과 가상이 탈동기화 되어 발생한 것이라고 볼 수 있다. 최근의 4차 산업은 동기화를 근본적으로 하려는 의도가 있다고 본다. 여기서 주도권 쟁탈전 또는 지식 쟁탈전이 존재하고 있다.

새로운 4차 산업을 추진하는 부분의 성과가 존재하지만 좀더 지켜봐야 하는 한다. 초 연결은 작은 문제가 전체로 번지는 위험도 안고 있다. 다양한 보안을 추구하는 이유는 다름이 아니라. 스미스에게 네오라는 버그는 치명적이었다.

4차 산업은 기존 산업을 전화기의 app처럼 바라보는 것은 아닐까? 새로운 사람이 와서 갑자기 '너에게 새로운 산업 환경 플랫폼을 디자인 해줄께'라고 이야기하는 느낌도 갖는다. 이를 통해서 자신들은 온라인과 오프라인을 연결하고, 이 안에 제공되는 다양한 서비스는 기존 산업의 물리적인 제품과 서비스를 활용하는 방식으로 전개된다. 동시에 주도권이 플랫폼 사업자에게 서비스와 함께 넘어간다. 기존 산업은 고유의 특성을 유지하면서 이런 플랫폼에 올라탐으로 성장할 수 있지만 사업 주도권과 시장과 접속하는 파이프라인 관리력이 약해지는 것은 위기라고 생각할 수 있다.

나는 여기서 기존 산업과 4차 산업을 주도하는 플레이어 사이에서 새로운 collaboration 가능성과 반목이 공존하는 시대에 살고 있다. 새로운 분야는 기존의 산업 본질을 흡수하려 하고, 기존 분야는 장점을 지키되 새로운 부분을 제한적인 수준으로 활용하려고 한다. 새로운 플레이어가 추구하는 분야는 막대한 자본과 높은 지식, 기술을 요구한다. 동시에 UX/CX 개념을 통해서 소비자에게 편리하게 다가가는 지능화 시스템을 추구 한다.

서로를 이용하기 위해서 친절하게 악수하지만 종속될 수 있는 위기 의식을 느낀다. 권력이란 측면에서 주도권 쟁탈전이다. 이 부분에서 가상과 현실의 합(合)을 만드는 분야는 더 폭발적으로 생각할 것이라고 믿는다. 그 합(合)을 만드는 것은 또 결국 인간의 몫이다.

나는 미래는 기계를 디자인 하는 사람, 기계를 도와주는 사람, 기계에 지배되는 사람으로 분류할 수 있다고 생각한다. 두꺼비 집을 내리는 사람도 있을 것이다. 가장 상위 계층은 지식을 사용해서 기술을 개발하고, 산업을 만들고, 산업의 발전을 도모하는 사람들의 몫이다.

문명 이래 지식에 기반하지 않은 산업은 없다. 최근 경영학의 발전과 더불어 그 통찰을 더 명문화했을 뿐이다. 사람들은 그것이 만들어진 결과를 즐기는 것에 집중하지만 궁극적으로 내가 즐기는 과정을 통해서 다양한 정보 제공자의 역할과 기술의 변화를 이해할 수 있다. 상호 보완적이라고 볼 수도 있고, 종속되어 있다고 볼 수도 있다. 나는 제공하고 즐기지만, 공급자는 서비스를 제공하고 모든 정보를 볼 수 있는 비대칭 구조가 기존 산업의 입장에서는 불안한 요인이다.

대표적인 예가 개인 사생활과 같은 정보의 제한과 보안일 것이다. 결과적으로 기존 산업분야에서는 금지되거나 제한적으로 시도되던 부분이 4차 산업혁명이란 이름 아래 개발되는 기술은 효율적인 정보 채굴의 방식을 갖고 있다. 이 방식이 "완벽한 통제"라는 이상을 꿈꾸는 원인이 될 수 있다. 그 꿈의 목적과 제한 기준이 없다면 새로운 재앙이 될 수 있다. 통제할 수 없는 권력은 결국 폭주한다. 미래를 예측하는 것이 흑과 백으로 갈리는 것도 이런 이유라고 생각한다.

기존의 산업, 4차 산업이란 모든 분야는 반드시 인간을 위한 것이어야 한다. 인간이 하기 어려운 활동을 대신 하는 로봇, 기계를 통해서 사람에게 기여하는 형태로 발전하길 바란다. 그 이유는 인간이 사유하는 방식에 따라 인간의 오감을 확장하는 방식으로 산업은 만들어져 왔기 때문이다. 그 존재의 이유에 새로운 기술이 인간의 삶을 더욱 윤택하게 해주길 바란다.

나는 상상을 현실로 끌고 오는 인간의 구현 방식이 하나의 산업이 되었다고 생각한다. 그 효율을 올리는 부분이 플랫폼, 기술, 연결이란 수단을 사용해서 고도화하자는 운동이 4차 산업이라고 생각한다. 이런 4차 산업혁명의 추진 속에 산업의 연속성과 새로운 도전이란 과제 존재한다. 많은 각 산업의 흥망성쇠가 그 이해와 실행의 정도에 따라 발생하고 조정 될 것이다.

이 과정의 시작은 감성적인 필요와 만족을 통해서 시작되지만 구현되는 방식은 논리와 수학이란 문명 수단을 사용한다. 저성장과 new normal 시대의 어려움이 새로운 방식의 필요와 도전을 만들었다. 이성과 감성이 합체된 인간처럼 각 산업도 기존에 존재하던 H/W, S/W를 하나로 녹여서 합체하고 시너지를 추구한다.

4차 산업분야는 SW와 HW의 결합, 가상과 현실의 연결, 상상을 현실로 끌어내는 것과 같다. 그런데 과거의 산업도 인간의 상상을 끌어내는 방식이다. 4차 산업이란 명제가 붙으면 그 방식을 인간이 사유하는 방식과 아주 정밀하게 접목했다는 것이다. Big data, Deep learning, machine learning, 인공지능, 로봇을 통해서 보강하는 방식이다.

더 막대한 수리 계산능력을 통해서 표본을 무한대로 처리할 수 있다면 정규분포를 구현하고 일관성을 갖을 수 있다. 일관성은 규칙이 되고, 규칙을 적용하여 목표를 달성하는 방식이다. 이 생각을 보면 고등학교 시절 미적분 배우기 전에 배운 "극한"을 현실에서 실현해 본다고 느낀다.

그런데 극한은 거짓말 수학이다. 상상의 부분이 존재하기 때문이다. 결국 사유 방식의 변화보다는 그것을 구현하는 수단의 변화, 새로운 수단을 만드는 사유의 기술적 진보라고 생각한다.

2-30년전에 나온 컴퓨터와 지금의 전화기를 보면서 느끼는 점이란, 지금도 컴퓨터는 OS가 없다면 쓸모가 없는 제품이고, OS가 있어도 어떤 프로그램을 설치하는가에 따라서 용도와 가격이 다르다는 점이다.

그런데 전화기는 OS를 HW에서 제거할 수 없는 일체형이 되었다는 것이며 무조건 살 때 선택 없이 구매해야 한다는 점이다. 할부금이 낮아서 그렇지 컴퓨터 가격과 비교해서 저렴하지 않다. OS에서 동작하는 프로그램이 설치되는 방식에 제한을 두었다는 것이지만 앱은 자유롭게 해줬다.

묘하게도 내가 조금 불편하게 지목한 부분은 이런 기술을 통해서 성장하고 수익을 창출하는 주체와 플랫폼 제공자의 역할이다. 새로운 산업도 gatekeeper가 있다는 것이고 이 부분에서 협력이 중요한 항목이 된다.

나의 관심은 인간의 삶을 윤택하게 하는 방식이 되어야 한다는 것이다. 나도 해외영업이란 과정 속에서 세상에 작은 기여와 문제를 야기한다. 인간을 탐구하여 인지 체계를 기계로 옮기려는 시도가 인간을 돌보는 자세로 구현되지 않는다면 결코 성공하여 오래가기 힘들다. 4차 산업 시대에 기업가의 윤리, 도덕, 철학은 더 높은 기업평가 항목이 될 수 밖에 없다. 그 많은 정보가 권력화 되는 순간, SF 영화에서 상상했던 일이 현실에 나타날 수 있기 때문이다.

내가 종사하는 산업에서도 이러한 시도가 존재한다. 그럼에도 가끔씩 불안감이 생긴다. 문득문득 일어나는 불안감은 종사하고 판매하는 제품과 서비스의 문제가 아니라 이를 사용하고 활용하는 사람들의 목적이 변할 수 있기 때문이다.

규제와 제도가 없을 때 FMA 전략을 성공하면 선도기업이 된다. 규제와 제도가 존재해야 그 산업이 발생하는 폐해를 줄이고 폭주를 제어할 수 있다. 제도가 생긴 후 진입하는 기업에게는 진입장벽이 된다. 그 사이에서 모든 기업과 사람들은 갈등할 수 밖에 없다.

그 보다 이런 환경에서 영업의 방식도 변화하고 있다. 기존처럼 고객을 방문하는 방식에서 점진적으로 그 시장 참여자들이 협력을 통해서 포화상태의 시장을 벗어나는 open innovation이다. 고객이 찾아오게 하는 노력이 더욱 강화된 것이다. 이런 개방형 형태의 사업, 개발이 다양한 분야에서 가능하다. 지금의 해외영업은 이런 부분의 이해를 갖기 시작해야 한다.

영업과 마케팅

무엇이 다른가?

모든 사람은 영업을 한다고 말한다. 나는 해외영업을 한다. 큰 벼슬도 아니지만, 요즘은 해외 영업을 지원하는 사람이 많지도 않다. 막상 해외영업을 한다고 하면, 해외 여행을 다니는 사람처럼 바라보기도 한다. 어제 독립해서 회사를 운영하는 선배와 소주 한잔을 했다. 엔지니어지가 대표 이사가 되자 영업도 해야 한다. 말로는 "나는 택배처럼 배달 만 해"하시더니 영업하는 사람들을 바라보는 눈빛이 바뀌었다.

선배의 눈빛 속에 어떤 어려움이 있는지 느낄 수 있다. 고객은 나한테 설명하고 가르쳐주는 사람이 필요한 것이 아니다. 그건 고객이 요청할 때만 하면 된다. 고객은 나한테 선생질이 아니라 내가 당면한 문제를 해결해 줄 사람이 필요한 것이다.

기업 전문가에겐 일명 먹물 영업과 먹물 마케팅이 필요하다. 전문적인 지식과 설명, 적절한 용어, 내가 제공하는 제품과 서비스의 핵심적인 장점 (Unique Sales Point - USP)을 적절한 사례를 들어서 설명하면 된다.

그 제품을 다시 소비자에게 공급하는 과정은 먹물 영업의 장르가 아니다. 일상의 언어를 사용해서 착착 알아듣게 말하는 것이다. 우리가 기획한 의도대로 체험하고 느끼게 하는 것이다. 해외영업을 하는 거래처가 아니라 거래처의 고객을 만난다는 것은 할아버지, 할머니에게 내가 하는 일을 설명하고 이해시키는 것처럼 어렵다.

텔레비전을 사러 갔는데, 얼마냐, 잘 나오냐, 모양이 예쁘냐로 의사결정하는 사람과 이 제품이 어느 회사 OLED를 사용하고 어떤 기술과 부품으로 제품을 구현해서 타사보다 좋다는 것을 확인하고 결정하는 사람을 생각해

보자.

일상에서 후자는 재수가 없을뿐더러 현실성도 없다. 없는 것이 아니지만 많지도 않다. '경제는 심리'라고 하는 이유다. 경제활동이 이루어지는 최전선을 상상하면 쉽게 차이를 알 수 있다.

영업은 고객이란 이름의 갑으로부터 온갖 불평불만을 들어주는 일이 주업이라는 생각이 들 때가 있다. 그 대가가 판매라는 과정을 통해서 실적으로 쌓이는 것이다.

이 의견에 조금이라도 동의한다면 나는 아담 스미스에게 좀 따질 것이 있다. 위에서 말한 것은 포함되지 않았기 때문이다. 내가 이기적인 마음으로 월급을 위해서, 고객이란 이름의 사람이 하는 온갖 불만을 들어주고 있다는 말인데 항상 그런 것은 아니다. 이론은 일관성이 있어야 한다. 경제적으로도 맞지 않다. 고객님의 다양한 스트레스로 인해서 몇 푼 되지도 않는 월급을 받아 힐링을 위해서 나에게 투자되는 돈을 생각해 보면 경제적이란 말에 부합하지 않는다. 소비 창출은 맞는 것 같다. 덤으로 먹게 되는 닭튀김에 맥주 한잔까지 고려하면 고전 경제학의 아버지, 아담 스미스의 말은 경제학적으로도 경제적으로도 내 뜻에 부합하지 않는다. 문득 자기가 계산을 할 수 없는 것은 죄다 제외하고 이론을 만든 것이 아닐까 하는 생각이 든다. 사실 따지려고만 하면 더 다양하게 이야기할 수 있지만 아무런 의미가 없다.

일반적인 시각에서 상대적으로 영업은 낮은 일이고 마케팅은 좀 더 폼 나는 일처럼 생각하는 사람들이 있다. 마침 선배가 마케팅과 영업의 차이가 무엇인지 물어보신다. "형님, 이건 내가 먹고 사는 밥줄인데 그걸 가르쳐줄

거 같아요?"하며 서로 한참 웃었다. 집에 도착해서 곰곰이 생각해 보니 이런 차이와 필요가 있다고 생각했다. 몇 가지의 마케팅 방법이란 책 마지막에 돈이 있어야 한다는 허무한 소리를 하고 싶지는 않다.

1. 영업을 하는 사람은 마케팅으로 옮겨갈 기회가 많다고 생각한다. 하지만 마케팅은 일반적인 영업 분야로 움직이는 것은 어렵고 또 기피한다. 마케팅이 영업을 하겠다는 것은 선동렬 감독이 경기 중에 등판하겠다는 신호와 마찬가지다. 영업이 마케팅으로 옮기는 과정은 선수가 코치가 되는 것과 유사하다.

2. 영업은 제품과 서비스를 팔고, 마케팅은 사업을 판다. 그런데 신입을 바로 마케팅에 넣으면 사업을 팔 계획을 수립하는 것이 아니라 자꾸 길거리 찌라시를 돈 들여서 낭비하고, 마케팅을 한다고 주장하기도 한다. 마케팅은 사람, 기술, 시장을 함께 이해해야 하는 분야라 전문적인 경력을 쌓고 시작할 필요한 존재하는 분야다.

3. 영업은 어느 규모의 조직이던 필요하지만, 마케팅은 기업의 규모와 산업 표준화에 따라서 필요하다.

4. 영업은 마케팅이 필요한 정보를 모으는 역할을 통해서 기여하고, 마케팅은 정보를 전략으로 가공해서 영업에 기여한다.

5. 영업은 개별 고객에 묶여 있다면 마케팅은 시장에 묶여있다. 그런데 회의를 하면 영업은 시장을 이야기하고, 마케팅은 개별과 고객과 영업 담당자를 이야기한다. 톰과 제리는 그렇게 시작된다.

6. 책상머리 영업은 해고를 해야 한다고 생각하지만, 책상머리 마케팅은 무엇인가 한다고 생각한다. 그런데 책상머리 마케팅을 가장 먼저 해고해야 한다. 토끼머리 뿔 날 때쯤 무엇인가 이뤄지길 바라는 것과 같다.

7. 영업은 매출을 위해서 돌아다니지만, 마케팅은 결과도 없이 돈 쓰고 돌아다닌다고 생각한다. 하지만 마케팅은 영업보다 두 배 이상 돌아다녀야 한다. 어깨 위의 물건을 열심히 사용한다는 각서 아니 혈서를 받아야 한다.

8. 나쁘게 말해서 영업은 아무나 시키면 없는 것보다 낫다. 하지만 마케팅은 아무나 시키면 팀이나 회사가 없어질 수 있다.

9. 영업은 시장 안에서 생존하고, 마케팅은 시장의 경계에서 양다리를 걸치고 산다.

10. 영업은 노크로 시작되고, 마케팅은 발을 뗄 때 시작된다. 둘 다 1분 안

생사가 결정된다. 영업은 다시 조를 기회가 있다면, 마케팅은 같은 기술을 두 번 쓸 기회가 드물다. 그래서 영업은 체력을 바탕으로 한 실행이, 마케팅은 학습량이 담보되어야 한다.

11. 전략과 수행이란 측면에서는 공동으로 시장을 대응하지만 적대적인 측면이 있다. 마케팅은 전략을 수립한다는 측면에서 검찰과 비슷하다면 실행을 기본으로 하는 영업은 전술적인 경찰과 비슷하다. 문제는 어쭙잖은 마케팅은 현장에서 영업을 이기기 어렵다. 총(실적)이 있기 때문이다. 하지만 제갈량과 같이 전체 판을 읽는 안목과 시스템 통찰력(조직, 제품, 솔루션, 시장, 기술)이 있다면 관우 같은 장수도 한숨에 떠려 눕힐 수 있다.

12. 영업은 안 하는 일도 없고, 못하는 일도 없는 듯한데 하는 것만 한다. 마케팅은 엄청나게 다양하고 하는 일도 많은 것 같은데 잘 되는 것이 거의 없다. 게다가 영업은 실적이 없을 때만 욕을 먹는데, 마케팅은 항상 욕을 먹는다.

둘이 서로 잘났다고 아무리 해봐야 고객의 문제를 해결하지 못하면 모두 낙화암의 삼천궁녀처럼 다이빙을 해야 한다. 고객의 문제를 해결함으로 고객과 시장에 기여를 하는 것이다. 이 기여가 인정받을 때 영업과 마케팅의 문제인 매출, 실적, 수익, 성장이란 문제는 벌써 해결되어 있어야 한다. 상생의 원리를 깨닫는 데 수업료가 엄청 많이 든다. 이해했다고 다 할 수 있는 것이 아니다. 그런데 이해를 못하면 돈을 버는 것이 아니라 매를 버는 일이 부지기수다.

신입사원 OJT

신입에, 신입의, 신입을 위한 OJT

신입사원이 등장했다. 그의 등장과 함께 출장을 가버렸지만 새로운 식구를 맞이하는 일은 즐거운 일이다. 서로에게 일상의 행복을 전달해주는 활력소가 되길 바랐다.

신입사원의 등장과 함께 On the Job Training을 한다. 대기업은 체계적인 활동도 있고, 규모가 작은 기업도 신입사원에게는 배치된 부서에서 업무를 배울 기회와 배려 한다. 이론 공부를 마치고 자신감이 충만한 신입과 그 일을 수 년째 하고 있는 기존 팀원, 파트장의 안목과는 수준이 다르다. 서로의 조화가 안 이루어지면 한쪽은 뭘 못하게 한다고 생각하고, 한쪽은 설레발을 친다는 말이 나온다.

신입을 뽑고 몇 차례 OJT를 생각하고 이야기한 것이 있다. 신입의 OJT는 해당 파트장, 선배 팀원들의 몫이 크다. 실무는 그렇지만 나도 팀장으로서 그가 잘 안착하도록 배려해야 할 의무가 존재한다.

첫째, 자신의 position에 대한 다차원적인 의미입니다. 각 프로세스를 이해한다는 것은 어떤 과정이 존재하며 내가 속한 과정에서 무엇을 해야 하는지 스스로 이해했다는 말이다. R&R(Role & Responsibility)의 입장에서 "프로세스가 지켜지지 않는 것"이 아니라 "프로세스를 지키기 싫은 것"이라는 말이 나오는 이유다. 시작과 종결까지의 과정에 존재하는 "지랄 총량"이 적절하게 균등 배분되어도 사람은 게으르고, 남에게 일을 전가함으로 문제를 만들기 때문이다.

이런 이유로 책임(Responsibility)의 부모는 목표이고, 책임은 임무를 완수하는 것을 목표로 합니다. 역할(Role)이란 기능은 자신의 위치에 따른 의

무입니다. 권한은 일을 위해서 사용하는 선택적 권리(optional right)이고, 위치가 결정되고 주어진 의무를 이행하지 않으면 그에 맞는 권한이 발생하지 않습니다. 이 보다 중요한 것은 함께 추진하는 목표에 근접하는 것입니다. 따라서 자신의 위치를 X, Y, Z 축에 놓고 여기에 시간이란 진행성을 인식 해야 한다.

두 번째로 한 이야기라면 해외영업 부서의 역할과 책임에 대한 spirit이다. 타 부서에서 개발하고, 타 부서에서 만들고, 타 부서에서 배송하고, 타 부서에서 고객 불만을 처리해 주는 결과 위에 해외영업팀은 존재한다. 프로세스에서 영업은 전 부서의 지원, 신뢰를 등 뒤에 지고 사는 사람들입니다. 빚이 많다는 것이다.

이에 대한 고마움과 책임감을 항상 기억하지 않는다면 영업(營業)이 아니라 시정잡배와 다를 바가 없기 때문이다. 팀장의 입장에서 이런 부류는 궁극적으로 결과 격이 다른 길을 걷게 됨으로, 그가 잘할 수 있는 곳으로 갈 수 있는 기회를 주어야 한다고 생각한다.

세 번째는 자신이 종사하는 업(業), 즉 종사하는 산업(Industry)에 대한 이해입니다. 교과서적인 이해가 아니라 내가 종사하는 산업의 큰 얼개를 파악하는 것입니다. 이 파악의 주체는 산업의 관점도 중요하지만 나의 관점에서 보도록 해야 한다. 그래야 자신의 안목이 점진적으로 형성되기 때문이다.

신입사원이 과거에 종사하는 업종을 깊이 있게 생각해 볼 기회가 많지 않다. 회사에서 개발, 생산하는 제품 하나를 손에 쥐어 주었다. 가장 큰 이유는 이 업종의 고객이 아니라 종사자로서 경기장에 입장했기 때문이다. 자신이 이리저리 둘러보고 기록하는 장단점이 일반 고객들 수준과 큰 차이가 없다. 전문 검토 능력을 갖춘 고객보다도 뒤떨어 질 수 밖에 없다. 이런 사실은 결코 중요한 문제가 아니다. 그가 그것을 세심히 보기 시작했다는 사실이 가장 중요하다. 모든 일은 그렇게 시작하고, 그가 지향하는 이 분야의 꿈까지 어떤 스토리를 축적할 지도 그가 결정할 일이다.

처음 정리해 온 신입사원의 자료를 보니, 누군가 MSG를 엄청나게 뿌렸다. 본인이 한 일이 아니고, 선배들의 경험과 조언이 기재되었습니다. 누군가 보면 잘 된 듯 하지만, 의도한 결과의 측면에서는 0점이다. 선배 팀원들을 불러서 그 목적과 의도를 다시 설명하고, 신입 사원에게 다른 내용으로 다시 한번 정리하게 했다. 스스로 자신의 수준을 정확하게 이해해야, 부족한 결핍을 채우는 방향으로 이동하고, 이런 긍정적인 이동은 신입사원의 자생력을 키워준다.

선배 팀원들에게는 신입 사원이란 백지에, 신입사원의 입장에서 생각해보고, 잘 성장하기 위해서 필요한 것을 가르쳐줘야 한다고 신신당부를 했습니다. 귀찮다고 맥락 없이 답만 쓰는 일은 낙서를 하는 일이고, 한번 잘못된 낙서는 고치는데 수십 배의 시간이 소요된다.

"신입의 OJT기간 무한 실수 허가"와 "낙서 금지"령을 내렸습니다. 선배들이 나중에 대신 처리해야 할 일이 늘어나기 때문이고, 실수를 통해서 무엇인가를 배울 수 있는 기회는 시작할 때다. 많이 실수해봐야, 나중에 실수가 줄어든다. 안 틀리는 가장 좋은 방법은 아무것도 하지 않는 것이다.

마지막으로 선배 팀원들이 신입을 바라보는 관점은 자기 중심적입니다.

내 업무를 어떻게 이관하고, 어떤 일을 시킬지 생각한다. 내가 그들을 위해서 무엇을 해야 하고, 함께 무엇을 해야 할지는 잘 생각하지 않는다. 인간의 습성상 당연한 일이다. 신입 사원에게 세부 업무를 가르쳐주는 이유는 나 대신 그가 밭을 갈고, 먹이를 구해오는 일을 분담하려는 목적이 다분하다. 팀장의 입장에서는 균형에 맞는 권리가 존재해야 하고, 동시에 그들이 서로를 따뜻하게 보듬을 수 있는 구조를 만들어 줄 의무가 있다고 생각한다.

해외영업의 특성상 수주를 입력하고, 처리하는 일은 당분간 시간이 걸리더라도 신입이 대신하고 팀원들이 확인하게 한다. 이 과정을 통해서 실무적인 일은 신입이 익숙해지고, 팀원들은 관리자로 성장하기 위해서 확인하는 과정을 배우게 한다.

이렇게 둘이 붙어 다니며 서로의 특장점을 알게 된다. 얼마 후 대학생들을 대상으로 해외영업 강의를 하기로 했는데, 그들이 학교에서 배운 실무는 관념적 기초. 교과서에서 기초 업무의 의미를 세부적으로 또는 전체 프로세스상에서 그 기초 업무의 당위성을 알려주는 것이다. 실무에서는 기초 외에도 고려해야 할 사항이 많고, 그 중심에 실제로 존재하는 고객과 시장이 있다. 쉽게 영화 속에서 신병이 전투에 투입되면, 상당히 많은 숫자가 의미 없이 소멸됩니다. 그런 이유가 때문이다. 팀장이 인적자원의 관점을 떠나 삶을 더 경험해 본 사람으로서 신입사원들이 생존해서 역량 있는 사원이 되도록 도와야 하는 이유다.

신입 사원에게 팀원들이 준 자료를 보고 몇 가지를 골라서 인쇄를 하게 했다. 왼쪽 여백에는 신입이 직접 해본 것들에 표식을 하라고 했다. 백문이 불여일견이고, 백견이 불여일감(touch)이라고 생각한다. 멋진 이성에 대해서 백 번 듣는 것보다 한 번 보는 것이 낫고, 백 번 보는 것보다 한 번 손잡아 보는 것이 사람에게 더 큰 공감을 형성하기 때문이다.

오른쪽 여백에는 이해가 된 것과 안된 것을 표시하라고 해 두었다. 오른쪽에 표시한 내용은 선배 팀원에게 반드시 묻고 확인하라고 했다. 선배가 잘 알려주어서 이해가 된 것은 고마운 선배라 표시로 O를 표시한다. 선배가 장황하고, 길게 횡설수설을 하며 자신도 잘 이해되지 않으면 "선배도 잘 모르더라"라는 의미의 X 표시와 이름을 같이 기재하도록 했다.

그 내용을 보고, 나는 선배들이 잘 모르는 것이 그들의 경력과 직책에서 이해해야 하는 것이라면 설명을 해줘야 할 의무가 있기 때문이다. 분명 짜고 치는 고스톱이 생기는 일이 있을 수 있다. 짜고 치는 고스톱이 대단해 보여도 좋은 질문 하나면, 그들이 열심히 했는지 담합을 했는지 알 수 있다.

'했냐, 안 했냐'를 파악하는 것이 목적이 아니다. 질문하고, 대답하며 신입은 지식을 축적하고, 선배 팀원은 가르치면서 지식을 더욱 확실하게 할 수 있기 때문이다. 이것이 그들의 권리이자 의무다. 이런 사실 속에서 그들이 서로를 알아가고 배려하는 스토리가 쌓여갈 것이라고 기대한다. 어째든 어리나 나이가 많으나 사람은 손이 많이 갑니다.

상사의 패턴

해외영업팀장이 주는 feedback

1. 똑똑하고 부지런한 사람은 힘들다.

   번 아웃과 좌절의 셔틀

2. 똑똑하고 게으른 사람은 더 힘들다.

   번 아웃과 번 아웃의 코리안 씨리즈

3. 멍청하고 부지런한 사람은 환장한다.

   번 아웃과 소방 훈련의 연속

4. 멍청하고 게으른 사람은 편하다.

   신경을 안 씀. 오래 하면 나만 망함.

5. 나만 살고 보자는 사람은 어렵다.

   의사결정을 하라고 지시를 내린다. 잘못되면 다 네 책임.

6. 의사결정을 지시하는 사람은 깊은 빡침의 반응 시간이 단축된다.

   답은 정해져 있다. 듣고 싶은 답이 나올 때까지 '그래서, 그런데'를 무한 반복하며 인내력 교실이 열린다.

7. 책임 전가를 하는 상사는 울화가 치민다

   잘 되면 내가 지시한 것이고, 결과가 좋지 않으면 '너 때문이야'라는 유행가 가사가 끝임 없이 나온다. 넌 벌써 희생양이다.

8. 긍정적으로 꿈과 혼을 실어서 더 큰 일을 하라는 사람은 두렵다.

   내 분수도 모르는데 그 사람의 분수를 맞춰야 한다.

9. 주인 정신을 갖추라는 상사는 언제 변할지 모른다.

   주인처럼 행동하면 금세 "정신을 못 차리고"라는 말이 나온다.

   사실 본인도 주인이 아니니까.

10. 아침, 점심, 저녁 다른 상사는 험난하다.

    저도 모르는 걸 난들 알겠니?

11. 거짓말을 잘 하는 상사 무조건 기록해야 한다.

본인이 쓰는 소설이 어떻게 바뀔지 본인만 안다. 좋은 환호의 리액션을 해줘도 반응이 매번 다르다.

12. 허풍이 심한 상사는 고난 18계단이다.

뻥은 본인이, 나에겐 고난이. 내가 마무리를 하게 된다.

13. 말로만 하는 상사는 쉽다.

언제 그랬냐고 잡아떼거나, 선택적 기억장애 기술을 쓴다. 본인이 기록을 안 하는 경향이 높으니 무조건 크게 우기는 사람이 이긴다. 어차피 서로 부작용이 있음을 빨리 알게 된다. 가끔 빈 노트를 들고 '이렇게 말씀 하셨잖아요!' 해도 넘어가는 경우가 있기도 하다.

14. 기록을 남기지 않는 상사는 더욱 간단하다.

대한민국 사초 사태가 불러온 일을 통해서 배우면 된다. 내가 다 기록해 놓았어요~

15. 의사결정을 안 하는 상사를 떠나라.

가능성이 없는 상사다. 너를 말려 죽이는 재능이 탁월하다.

16. 기억력이 좋은 상사는 피곤하다.

저 좋은 것이나 네 흉만 기억한다.

17. 비겁한 상사 아래서는 더욱 비굴할 각오를 해야 한다.

네가 대신 빌고 다닌다

18. 용감한 상사 아래서는 사표를 준비하고 다녀야 한다.

옳은 일이면 대박이나 대형 사고에는 내가 지원하지 않아도 언제나 순장조 일순위다.

19. 우기는 상사에겐 용기가 필요하다.

논리가 아니라 기분이 나쁘거나 좋은 것에 따라 다르다. 비굴하면 이익이 따르나 자존감을 위해서 피해라. 아니면 용기를 내야 한다. "내 말이 맞지"라고 묻거든 "무슨 말인지 이해했다"고 대답해라. "네 말이 틀렸나?"라고 묻거든 "무슨 말인지요?"라고 반문해라. 작은 용기와 기지를 갖고 대답을 적절하게 피해야 한다. 골치가 아프다는 말이다.

20. "책대로 되냐" 묻는 상사는 조심해야 한다.

책도 안 보니 그 모양이다.

21. 나오는 대로 지껄이는 상사 밑은 심장병을 조심해야 한다.

본인도 자기 입으로 무슨 말을 했는지 기억하지 못한다. 듣는 나는 경천동지

22. 기억력이 떨어지는 상사 밑은 부지런해야 한다.

자주 가서 확인해야 해야 할 일을 두 번 하거나, 안 할 일을 하는 경우가 없다.

23. 의심이 많은 상사 아래서는 일을 적게 해야 한다.

의심과 업무량이 비례한다. 행동반경과 의심의 크기는 비례한다. 뭘 해도 의심한다.

24. 나에게 항상 웃으면 다가오는 상사 잘 피해 다녀야 한다..

항상 뭘 시킨다. 화내는 놈이 뭘 시킬 확률은 대단히 낮다.

25. 의리 찾는 상사 항상 의심해야 한다.

    사람은 자신이 부족한 것을 강조한다는 불편한 진실

26. 인생을 책임져 준다는 상사 멀리해야 한다.

    내 인생은 나의 것. 노예나 종의 삶을 추구하지 않는다면. 그렇게 사기를 당하거나 인생 종친다.

27. 무식한 상사 밑에서는 용감 할 수 밖에 없다

    갸가 그렇다. 덩달아 나도 그렇게 된다.

28. 사사껀껀 관리하는 상사(Micro Manager)를 위해서는 압도적인 체력이 필요하다.

    언젠가는 싸운다. 내 장담한다.

29. 자린고비 같은 상사 밑에서는 눈치가 빨라야 한다.

    어느덧 네가 결제하고 있다.

"상사를 갈구는 00가지 방법"이란 걸 써볼까 하는 생각을 했다. 주변에서 좋은 생각이라고 말한다. 부록은 빨간 봉투 사표가 제격이라 한다.

전략기획과 분석은 왜 하는가?

그거 하다가 문득

모든 기업의 조직은 전략이란 말에 민감하다. "전략적으로 블라블라"와 같이 전략이란 말을 달고 사는 사람이 많다. 우리는 다양한 전략 기법과 분석 툴을 사용해서 이런 저런 전략을 수립한다. 해외영업과 마케팅을 오가는 나로써는 더욱 그렇다.

하지만 전략을 분석해서 "이렇게 합시다"라고 결정하는데 많은 사람들은 소극적이다. 자기 확신(확증 편향과 다르다)과 용기가 부족하기 때문이다. 자신의 정보 부족에 기인하겠지만 위험을 감내하고 도전할 필요성을 느끼지 못할 수 있다. 어려움 시기에 도전을 하면 힘들다. 좋은 시절에 어려운 일을 도전해야 더 많이 도전해야 한다. 그렇다고 아무거나 지르고 보는 무책임한 사람이 되자는 말은 아니다. 무지하면 용감하나 목표와는 멀어진다.

나는 전략 기법과 분석 툴이 중요하다고 생각하지 않는다. 이것은 수단일 뿐이고, 가장 중요한 것은 WHAT이라고 할 수 있는 목표가 가장 중요하다고 생각한다. 전략은 HOW를 만들어 가는 수단에 불과하다. 산에 가는지 바다에 가는지 모르는 상태에서 전략만 수립하면 요행을 바라는 것과 마찬가지다. 산 정상에 오르는 방법은 무한대다. 길이 있던 곳을 가면 편하고, 가시 덤불과 암벽을 올라야 한다면 힘들 뿐이다.

나는 현업에서 전략이 부족하기 보다는 목표가 부정확할 때가 더 많다고 생각한다. 예측되는 고객 반응과 상황, 전략 수행의 난이도, 수행할 사람들의 역량과 시급성 등 복합적인 이유로 항상 최선의 방법을 찾는다고 할 수는 없다. 세상의 많은 경영학이 의사결정의 중요성을 시도 때도 없이 말한다. 그 의사결정의 앞뒤에는 다채로운 해외영업 환경이 존재한다.

우리는 가끔 산에도 완벽하고, 바다에서도 완벽한 전략을 수립하느라 많은 고생을 한다. 문제는 의사결정을 통해서 목표를 명확하게 하지 못하는 것이 더 문제일 때 더 많은데 말이다. 의사결정을 하지 못하는 것은 무지에 기인한다. 그 무지를 타파하고 다양한 관점을 확보하기 위해서 우리는 조직을 만들어 함께 일한다. 그럼에도 딱 보면 알지 못하고 의사결정은 여러 가지 안 되는 이유만을 말하는 전문가와 형편없는 대책수립 역량으로 지체된다. 무엇을 할지 결정이 안 되는데 전략이 나올 수 있는 곳은 점 집 정도가 아닐까?

해외 영업의 관점에서 기업은 생산(재화, 서비스)을 하여 세계 시장에 공급하는 것을 업으로 한다. 어느 업종이나 만들어서 시장에 공급함으로 그 대가를 받는다. 문제는 그 대가를 통해서 생산에 드는 비용과 미래에 사업을 지속하기 위한 투자를 할 만큼 자본을 충분히 확보해야 한다. 수익을 창출해야 하는 당위성이다.

항상 목표 수익을 유지할 수 있고, 생산하는 제품과 서비스가 오랜 기간 사용될 수 있다면 수익에 몰두할 필요가 있을까? 미래에 대한 불확실성을 경감하거나 불확실성에 대한 보상 심리가 없다면 그렇지 않다. 많은 기업들이 더 성장하고 더 많은 수익을 내려고 하는 욕망은 불안한 미래에 대한 준비다. 매년 같은 수익을 유지할 수 있다면 무리해서 성장하는 것이 꼭 좋은 전략이라고 할 수 없다.

교과서가 말하듯 기업은 합법적인 과정을 통해서 수익을 창출하고 지속 가능한 사업을 유지함으로 고용을 창출함으로 사회에 기여한다. 이 본질에서 벗어나는 일이 곧 전략과 전략 수행에 위배되는 일이다. 기업 목표에서 벗어나기 때문이다. 해외영업의 입장에서는 사업 목표, 팀과 지역별, 개인별 목표라는 매출에 관한 부분, 고객 포지셔닝, 분기별 제품 서비스 사업화 등 세부적인 현안 목표에 대한 접근 방법을 수립한다. 해외영업팀장은 각 지역 단위 시장의 고유한 특성과 내부 상황을 조율한다. 그 조율의 방향은 목표를 수행하는 방향이고, 이는 다시 연구 개발, 마케팅의 전략과 연장선상에 위치해야 한다. 고객은 이 연장선상에 위치시키는 과정도 전략 수행과정이다.

전략이란 상황과 목표 사이에 떨어진 부분을 이어 붙여주는 생각과 수단이다. 상황에 대한 이해가 다르고, 정보가 부족하여 오류와 실수를 양산하는 과정을 방지하기 위해서 수립하는 것이다. 현장에서 목표와 전략이 중요한 이유는 군사훈련의 반복된 육체 훈련이 인위적인 조건반사를 만드는 것처럼, 전략을 통해서 사고의 방향을 훈련하는 것이기 때문이다. 두뇌가 그 목표방향으로 움직여야, 그 목표에 도움이 되는 행동을 한다는 단순한 훈련과 세뇌 교육 방식이라고 할 수도 있다.

해외 영업을 오래 하다 보면, 꼭 분석을 해야 하는가? 라는 의문이 생길 때가 있다. 본질이 간파되는 사람들의 경우 분석의 결과와 큰 차이가 없다. 이 또한 오랜 경험과 훈련을 통한 지식이 축적되었을 때의 일이다. 그래도 분석을 하는 이유는 내가 바라본 안목과 계량적 수치 사이에서 내가 미쳐 파악하지 못한 정보가 존재한다는 사실이다. 대충 가늠하는 것과 직접 측정해서 확인하는 차이가 정교한 사업계호기의 수준을 구분하게 한다. 사람은 언젠가 실수를 한다.

그럼에도 이해를 돕기 위해서 자료를 만들고, 다시 설명을 해도 비 전략적 의사결정은 비일비재하다. 이는 논리적 옳고 그름의 문제가 아니라 하기 싫거나 할 역량이 없는 문제일 수 있다. 세상은 그렇다.

스스로 실력을 배양하는 과정에서 내가 종사하는 산업의 구조, 내가 다니는 기업의 구조를 정확하게 하게 이해한다면, 내가 해외영업 현장에서 해야 하는 역할을 정확하게 이해하는 것이다. 전략은 알아서 술술 나오게 되어 있다.

필요할 때 팀원들에게 시시콜콜 해야 할 일을 말한다. "팀장님~성격 지랄 맞으신 건 아시죠?"하며 웃으면 말하는 팀원이 있으니 그런가 보다. 먼저 그 사람이 잘 이해하고 수행했으면 하는 바램이 과해서 그렇다. 우린 보통 이렇게 말하고 위임이 어렵다고 한다. 하지만 진정한 이유는 그 대상의 성실성 문제가 아니다. 위임을 해야 하는 내가 의심을 품기 때문이다. 내 마음과의 끊임없는 투쟁에서 승리해야 위임을 잘 하게 된다.

창의력은 선천적인 것이 아니다

해외영업의 관점에서

세상은 창의적인 사람을 찾는다. 창의력이라는 단어를 찾아보면 "창조성(創造性)이라고도 하며 이에 관한 능력을 창의력(創意力), 창조력(創造力)이라고 한다. 창조력은 의식적이거나 무의식적인 통찰에 힘입어 발휘된다."라고 googling을 통해서 찾아볼 수 있다. 도무지 도움이 안 되는 설명이다. 대추는 대추나무에서 열리는 열매이고, 대추나무는 대추가 열리는 나무라는 설명에 대한 이외수 선생의 혹평에 깊은 공감을 한다.

마케팅에서는 USP(Unique Sales Point)를 초기 기획 단계부터 검토한다. 규모가 큰 기업일수록 사용자 환경(Usage Scene)을 구체적으로 검토한다. 그럼에도 실패가 높아지는 이유는 직접 그 환경 속에서 구현과 동작을 해보는 것이 부족하기 때문이다.

우리나라 속담에 떡 줄 사람은 생각지도 않는데 김칫국부터 마신다는 말이 있다. 기획이 망하는 가장 큰 이유는 고객의 소리를 외면하는 이유다. 시장은 항상 나보다 진보적이고 창의적이다. 더 어려운 일은 이 말을 모두 제각각 해석할 수밖에 없다는 사실이다. 다 같은 말을 들어도 듣고 행동하는 양식이 다른 이 똑똑한 구성원들이 가끔 힘들다.

Needs와 Wants란 말을 묶어서 사용하지만 그 각각의 시장은 구분된다. 제품이 팔리는 카테고리(쉽게 쇼핑몰 카테고리)에서 요구되는 기본 사항은 needs의 시장이며, 이 시장에 집중하면 가성비에 따라 가격이 결정된다. 우리가 창의력이라고 생각하면서 바라볼 시장은 Wants의 시장이다. 기획하고 영업하고, 홍보하는 기업의 부서는 전문가 집단이다. 경험을 통해서 전문적인 정보를 갖고 있지만, 지식과 정보는 상황에 따라 편견이 될 수 있다는 것을 알아야 한다. 왜냐하면 조금은 획일적인 방향성을 갖고 있기 때문이다.

고객 정보를 취합하고 여러 사람이 모여서 일하는 이유는 획일성을 갖게 되면 시장에 대한 유연함이 사라지기 때문이다.

시장의 사용자들을 보면 전혀 다른 방식으로 제품과 서비스를 바라보거나 만든 목적과 상반되게 제품과 서비스를 사용하는 경우가 있다. 고객의 필요와 사용목적, 기업의 제공하는 제품과 서비스의 의도 사이에 다양한 UX(사용자 경험)와 CX(고객 경험)가 존재한다. 이 부분을 확인하고 전략적으로 활용할 수 있다면 마케팅을 다시 마케팅 하는 것도 가능하다.

고객들과 이야기하다 보면 말도 안 되는 목적을 위해서 제품을 사용하는 장면을 목격한다. 동시에 그들의 욕망, 욕망을 달성하지 못한 원인과 불만족에 대한 도전을 통해 새로운 시장을 얻을 수도 있다. 그 이유와 목적이 합리적이고, 바람의 실현이 가능하고 사업 잠재성이 뛰어나다면 성공할 수 있다. 예를 들면 모니터가 광고판으로 활용되기 시작한 것이 십 년쯤 되었다. PDA를 넘어서 전화기에 모니터, 통신, 텔레비전, 인터넷을 묶어서 스마트폰이 되었다. 고객의 욕망에 부흥한 결과다. 상상을 한 사람이 없어서가 아니라 도전하고 실행한 사람이 적기 때문이다. 혹시 기획이란 영역을 다양한 분야에서 경험해 보면 내가 상상한 멋진 생각은 대부분 그 이전에 존재한다. 그 멋진 상상과 생각을 구체적으로 현실의 물체로 소환했는가? 이것이 더 중요한 문제다.

고객의 요구사항(VOC, Voice of Customer)에 귀 기울이고 내가 할 수 있는 바를 결정해서 진보한 제품을 내놓으려 시도한다. 영업, 마케팅 관점에서 정보를 모으는 방식으로 big data라는 방식을 사용하려는 시도가 높아지는 이유다. 고객관계 시스템(CRM)을 다양하게 구축한다. 이 방식을 통해서 창의성이란 알 없는 존재를, 시장이라는 무한대의 정보원을 통해서 손쉽게 얻으려는 과정이다. 기업이 동의서를 받고 게시판에 글을 쓰게 하는 것이 아니라 게시판의 글에 따라서 대가를 지급하는 시대가 되어야 한다는 생각도 있다. Freemium이라고 이름 된 각종 시연회, 체험 기회, 선물을 지급하는 것도 이 연장선상이다.

하지만 현실에서 이렇게 얻어걸리는 기획은 적고, 이를 받아들일 만큼 통찰력도 준비되어야 한다. 내가 다니는 기업에도 다양한 제품도 있다. 야심차게 도전해서 망한 제품, 마지못해 만들었는데 대박 난 제품, 노력한 만큼 성과를 보이는 제품 등 대부분은 제품은 내가 갖고 있는 지위를 유지하는 수준이다. 많은 기업가들이 목표를 갖고 열심히 실행하면 운도 따라온다는 말을 한다. 구체적으로 정형화된 이론이 아니다. 사실 믿음의 세계라고 생각되지만, 시장의 요청과 그 요청이 반영되는 제품, 서비스, 시장의 크기, 난이도, 기술 구현, 기술 구현과 편의성, 경쟁을 고려해서 판단한다. 이런 기획을 꼼꼼히 하다 보면 대박은 아니지만 증진이라는 결과를 얻어내는 것은 그리 어렵지 않다.

기업들은 창의적인 인재를 갈구한다. 내부에서 창의성이 폭발적으로 생산된다면, 엄청난 효과가 있다는 단순한 가정 때문이다. 대체 창의이란 무엇인가? 창의를 검색을 하면 전구가 밝게 들어오며 "idea"라는 이미지와 그림이 많다. 섬광처럼 스치고 지나가는 좋은 생각도 현실에서 막상 도전하면 안 되는 이유가 수백 가지씩 나온다.

창의보다 계속 머릿속에서 전구 사진만 왔다 갔다 한다. 왜 그럴까? 앞에서도 말했지만 내가 해본 생각은 세상은 어떤 사람들이 대부분 먼저 해본 것이다. 그들의 생각과 비교, 추가, 삭제, 변경 등 다양한 생각을 더 해야 하는 이유다. 창의력이 설명처럼 불이 들어오는 결과는 알겠지만 "HOW, 어떻게"라는 것에 대한 설명은 없다. 참 야속한 현실이다. 이런 막막함의 상태에서 좌절에 빠지고 내가 창의력이 없다는 진실 아닌 진실에 도달한다.

회의를 하다 개발팀장님이 "창의력은 타고나는 것 같아요" 라고 자조 섞인 말을 한다. 나는 "누가 그래요? 그런 말을 증명할 수 있는 일입니까?"라고 반문한 적이 있다. 사람들은 자신이 할 수 없다는 판단이 들면, 그것이 안 되는 이유를 찾는다. 사람들은 '여기까지 할 수 있다'와 '모른다'는 말을 하기 부끄러워한다. 공자님이 수 천 년 전에 "어린 아이에게도 묻는 것은 부끄러움이 아니다"고 했다. 무지를 인식하는 것으로부터 무지타파는 시작한다.

컴퓨터에 비디오 출력이 1개에서 2개가 되었을 때 대부분 2개가 된 장점을 강조한다. 이건 너도 알고 나도 아는 사실이다. 결국 '가격이 얼마인가'가 중요하다. 반면 좀 더 뛰어난 사람은 모니터를 두 개씩 판매할 계획을 세우고, 더 뛰어난 사람은 두 개의 모니터에서 사용할 프로그램까지 고민한다. 반대로 한 개의 모니터로 두 개의 컴퓨터를 사용할 방법을 찾는 사람들도 있었다.

왜 다를까? 아이디어란 서로 다른 두 가지를 섞어서 새로운 것을 만드는 일이다. 그 두 가지가 연결되어 있는 것이기도 하고, 떨어져 있는 것일 때도 있다. 연결된 제품의 예로는 예전 VCR과 TV를 일체형으로 만들거나 PC와 Monitor를 합체한 All-in-One PC가 그렇다. 연결된 제품은 궁극적으로 가성비 영향이 크다. 하지만 떨어진 제품이나 생각을 연결하면 폭발적인 효과가 있다. 내가 사용하고 가장 만족도가 높았던 제품은 ipod touch였다.

창의력은 계발 가능한 범주에 있다고 믿는다. 또라이, 오타쿠처럼 보일지 모르는 사람들이 신기한 성과를 만들어 내는 이유는 그런 참신한 생각에 기초한다. 시간을 더 많이 사용하고 시간의 대가를 쟁취했기 때문이다. 시간의 대가를 쟁취하지 못하면 대단히 무료하다.

우리는 시간을 사용하면 반드시 대가가 있다는 것을 알아야 한다. 놀면 재미있거나 재미없는 이유를 알게 되고, 공부하면 지적 만족감이나 짜증 또는 쉽게 잠이 드는 법을 알게 된다. 그 가치는 다르지만 시간을 사용하면 반드시 그 대가가 존재한다. 인간이 통제하지 못하는 시간이 주는 병아리 눈물만큼의 혜택이다. 그래서 반복 작업을 통해서 차이를 발견하고 그 차이를 일관되게 극복하면 대박이 난다. 이는 야구 배트로 홈런을 칠 때의 감각을 익히는 것과 같다. 기초는 인간의 오감이 작동하는 방식이다.

한 가지를 반복하는 것과 반복 속에서 발생하는 차이를 확인하는 것이다. 자신의 장점이 잘 발현된 분야를 시작하는 것이 대단히 중요하다. 반복은 지겹기 때문이다.

시장과 고객을 목표로 Strategy, Target, Positioning이란 거창한 STP전략을 만들어서 접근한다. 전략 수립도 어려운데 어떤 고객은 사고, 어떤 고객은 안 사고, 어떤 고객은 되려 불만을 제기한다. 이 전략기획, 수행, 고객반응, 전략 수정을 반복하는 과정에서 우리는 어떤 고객이 주 고객이 될지를 알게 된다. 시간을 사용한 경험이 지식이 된 단계라고 생각한다.

이 지식이 지혜가 되기 위해서는 왜 안 사고, 왜 불만을 제기 하는지 알 수 있어야 한다. 아는 것은 지식이지만 해결하기 위해서 알아야 한다. 이런 차이를 발견하는 방식을 다른 곳에서도 변형하면 사용할 수 있어야 한다. 혼자서 할 수 있다면 평범치 않은 인물이 되고, 이것을 함께 해서 성취해간다면 위대한 사람이 될 가능성이 높다.

다르게 표현하면 커브를 잘 던지는 투수는 그립의 조그만 차이가 발생하는 궤적의 변화를 더 많이 아는 것이다. 그 작은 차이를 아는 것이 왜 중요한가? 다른 곳에서 그 차이를 발견하는 본질적인 방법을 깨달아 적용할 수 있다는 것이다. 새로운 구질을 만드는 것은 우연과 이런 다양한 시행착오의 결과이다.

그 사람이 안 사고 불만을 제기 하는 이유는 엄청나게 많다. 해외 영업입장에서 가장 치명적인 이유는 "너 때문에 안 사"라는 말이다. 이 결과를 해결할 방법은 개과천선밖에 없다. 그를 감동시키던가 아니면 안 파는 결정이 가장 효과적이다.

다른 이유라면 그를 반복적으로 만나고 그가 안 사는 이유를 듣는 것이다. 국내 영업이나 해외영업이나 마찬가지다. 그렇게 알아가고 누군가를 만족시키면 타인이 당신을 창의적이라고 말하게 될 개연성이 높아진다. 반드시 다양한 방법을 시도하고 해결하는 과정을 동반한다면 전략적, 창의적이란 말이 함께 따라 다닐 가능성이 높아진다.

특정한 분야 없이 막연한 창의성이란 없다고 생각한다. 분야라는 것을 내가 종사하는 업종으로 본다면 사람의 열정이 뭉쳐질 때에 창의력은 쉽게 접근할 수 있다. 잘 모르는 분야에서 이런 반복적인 작업을 하는 것은 어렵고 하더라도 지겨운 일이기 때문이다. 막연히 창의력에 도전한다는 것은 생각의 힘을 기르는 철학적 접근, 관찰력, 논리력, 인간 심리의 이해에 가깝다. 인문학을 강조하는 이유는 이런 이유 때문이라고 생각한다. 사람은 잘 지어진 공장이라고 상상하면, 그 공장에서 무엇을 만들지 결정해야 한다.

내가 연애를 잘 하면 영업도 잘할 수 있다고 주장하는 가장 큰 이유가 있다. 눈치가 빨라지라는 말이 아니라 누군가의 이야기를 경청하는 것이다. 그것도 연애처럼 제 정신이 아닌 상태는 종교와 같이 누군가의 말에 자발적으로 경청하고, 그를 만족시키는 다양한 활동을 하는 것이기 때문이다.

"내가 무엇을 하고 있지?"라는 자조 섞인 소리가 나올 정도로 새로운 방식을 도전하고, 고객과 시장을 만족시키는 경험은 생존에 직면했을 때 더 큰 경쟁력을 만들어 준다. 엄마가 여자보다 강한 이유도 대상에 대한 몰입 수준의 차이라고 볼 수 있다. 조금의 에너지를 자신의 생업에 도전해 보는 것이다. 그것을 잠시 사랑하는 가족과 연인을 위해서라고 생각할 수 있지만 곧 나의 삶의 수준을 결정하는 원인이 된다.

우리가 제공하는 제품도 잘 알고, 경쟁사 제품을 잘 안다고 물건을 파는 것이 아니다. 그것은 업종 종사자의 기본이다. 가장 중요한 것은 고객이 제품과 서비스를 왜 구매하는가? 왜 구매하지 않는가? 라는 인간적 고뇌가 더 중요하다. 가격은 살 마음이 생긴 뒤에 논의되는 문제이다. 물론 미운 놈 약을 올리기 위해서도 가격은 이야기할 수 있다.

일반적인 상황에서 영업 사원들이 상투적으로 하는 말은 가격경쟁력이 없다는 말이다. 영업 경쟁력이 떨어지는 사람이 가장 많이 하는 말이다. 조금만 더 깊이 있게 대화해 보면 영업 사원들은 다양한 정보를 갖고 있다. 미리 그것은 씨알도 안 먹히기 때문에 말하지 않을 뿐이다. 만약 그럼에도 가격만을 이야기하는 영업은 Xiaomi와 같은 회사에 가서도 가격이 비싸서 또는 다른 이유로 물건을 못 판다는 이유를 말할 사람이다. 영업의 Spirit(魂)이 없는 사람이라는 것이 더 적합한 말이다.

이유를 알게 되고, 그가 바라는 욕망이 꼭 내가 제시하는 제품과 서비스가 아니라 다른 어떤 것을 더하고 빼서 만족도를 올릴 수 있는가를 시도하는 보는 것이다. 내가 정확하게 이해한다면 대부분의 사람들은 대부분 시간을 아주 유연하게 받아들인다. 고객의 wants와 고객의 wants를 해결하려는 우리의 wants가 자연스럽게 alignment가 된 것이다. 받는 사람의 입장에서 상상하지 못한 방식으로 만족감을 받게 되면 아주 큰 감동과 색다른 만족을 갖게 된다. 공감을 갖게 되면 더욱 오래된 감동을 느낀다. 그런 일이 꼭 연애할 때에만 일어나도록 사람이 만들어지지 않은 것 같다.

이 과정을 위해서 내가 종사하는 업종을 사랑해야 한다. 그래야 자주 돌아보게 된다. 자주 돌아본 시간만큼 지식이 축적되어 통찰력에 기반한 지식으로 확장된다. 그렇게 형성된 지식은 본질을 유지하게 하고, 현재의 기술로 그것을 새롭게 정의하는 방식으로 혁신을 달성한다. 그때 보는 것은 전에 보던 것과 다르다. 내가 경험해 본 한 가지 방식이다. 조선시대 유한준의 시와 유홍준 교수가 말한 의미는 어느 분야에서나 창의력을 갖게 되는 가장 좋은 방법이다.

知則爲眞愛 愛則爲眞看 看則畜之而非徒畜也

알면 곧 참으로 사랑하게 되고, 사랑하면 참으로 보게 되고, 볼 줄 알게 되면 모으게 되니 그것은 한갓 모으는 것은 아니다 - 석농 화원 유한준 발문

사랑하면 알게 되고, 알면 보이나니, 그때 보이는 것은 전과 같지 않으리라 - 유홍준, 나의 문화 답사기

맥락(context)이 없는 인간은 없다. 모두 부모가 있기 때문이다. 어떤 분야에서도 새롭게 뚝딱 나오는 분야는 없다. 학문도 마찬가지다. 그 시작이 조촐할 뿐이고 그 규모가 어느 수준에 다다를 때까지 잘 눈에 띄지 않을 뿐이다.

사람들은 창의성이란 하늘에서 뚝딱 떨어지거나 천재가 새로운 아이디어를 신과 같이 창조했다고 생각한다. 무엇인가 열렬하게 해 본 뒤에도 그 말을 할 수 있다고 생각하지 않는다. 인생에서 쉽게 얻어지는 것은 없다. 그런 것은 아무나 쉽게 얻을 수 있는 것이기 때문이다. 무엇을 미친듯이 해 볼 수 있어야 한다. 늙으면 어차피 못한다. 좋은 추억은 젊었을 때 만들어야 한다. 이야기가 쌓인 만큼 창의력도 삶의 깊이도 올라가기 나이가 들어서 곱씹으면 살아야 한다.

Sales Yourself

온실 속의 화초와 광야의 약초가 되야 한다

몇 년 전 고객 영업 팀 입구에 "Selling, That's why we are here!"라는 손 글씨 슬로건을 보았다. '매출과 성과를 달성하는 영업 팀의 역할과 책임을 이렇게 간명하게 쓸 수 있구나' 라고 생각했다. 그들의 투지와 혼(spirit)을 느끼며, 이런 파트너가 있다는 것에 감사했다.

영업을 하는 모든 사람은 팔기만 하는 기계가 아니다. 해외영업팀장 입장에서 리어카와 자판을 갖고 판매하시는 분들이 판매 숙련도는 사무실에서 영업하는 우리보다 훨씬 높다고 생각한다. 자본주의의 꽃인 기업에서 주어진 역할이 판매하고 성과를 내어 그 업(業)을 번영케 하는 일이 나의 직업인데 세상에서는 다양한 분야에서 나보다 훨씬 영업을 잘 하는 사람이 많다.

몇 일 전 대학생들과 두 번째이자 마지막 만남에서 같은 이야기를 했다. 세상에 영업을 하는 사람의 숫자만큼 영업의 방식은 다양하게 존재한다. 영혼 없이 기계적인 이야기를 하는 것처럼 보일지 모르지만 고객 게시판을 대응하던, 텔레 마케팅을 하던, 자판의 물건을 흥정하던, 사람과 사람이 만나면 그 만남의 매 순간이 다르다. 4IR(4차 산업혁명) 시대에도 영업은 굳건하게 존재할 것이다. 최소한 고객과 사용자의 이야기를 들어줄 대상이 필요하고, 그 속에서 진주를 캘 사람은 더욱 요원하다. 힘든 영업직을 선호하지 않는 요즘 시대가 어쩌면 영업, 해외영업을 배울 가장 호시절이다.

손님(교포들은 손님이란 말을 많이 쓴다. 우리는 고객이란 말을 많이 쓴다)을 만나면 그의 호기심을 빨리 끌어내야 한다. 좋은 질문과 화두가 필요한 이유다. 고객의 정보를 모아서 상황을 판단하고, 내가 제시할 수 있는 조건으로 호기심과 관심을 끌고 오는 것이다. 30초 안에 고객의 호감을 얻으라, 엘리베이터를 타고 올라가는 순간에 임팩트를 줄 수 있어야 한다는 이야기가 달리 나오는 것이 아니다. 기업이 고객사의 의사결정자에게 영업인력을 통해서 접근하는 방식 중 하나다.

현실에서 잠재 고객 기업의 의사결정자를 만나는 과정은 우연이 겹치지 않으면 쉽지 않다. 고객사의 규모가 클수록 높은 관공서의 기관장을 만나는 것처럼 절차와 과정이 필요하다. 우연이 아주 없는 것은 아니지만 부단한 노력이 과정에서 생긴다. 이 부분에서 각 기업의 해외영업 담당자와 팀장은 자기 만의 노하우를 만들어 간다.

자기 계발서에 나오는 방법은 효과적이지만 누구나 알고 있다. 모두가 알고 있는 정보는 내가 학습 훈련해야 할 대상이고 보다 높은 경쟁력을 갖기 위해서는 나만의 효과적인 방법을 또 시도하는 것이다.

내가 속한 기업의 제품, 솔루션, 서비스의 수준은 내가 지향해야 할 시장의 방향성과 한계를 제약하는 조건이 된다고 생각 한다. 하지만 우리 기업의 제품, 솔루션, 서비스가 결국 타 기업과 다른 장점이 되는 것이다. 내가 사랑하고 좋아하지 않는 제품, 솔루션, 서비스를 고객이 사줄 것이라는 생각은 하지 않는 것이 좋다. 설명하는 나의 얼굴에 많은 정보가 표시된다. 이런 마음이 더 좋은 제품으로 이끄는 동력이 되는 것이다.

영업사원은 고객에게 다가서는 기업 그 자체의 역할을 수행하기에 스스로를 판매할 줄 알아야 한다. 표현이 좀 그렇다. 포장지는 제품 자체는 아니지만 제품과 함께 고객에게 간다. 잘 포장되고 충실한 설명을 하는 포장지와 제품의 수준이 일치할 때 고객의 만족도는 더 늘어난다. 별거 아닌 것 같지만 찢어지고 떼 묻은 박스를 우리 모두 피하려는 경향이 높다. 비유가 내가 자부심을 갖는 것에 비하면 아주 맘에 안 들지만, 해외영업이 고객 앞에서 갖는 한 부분의 역할을 설명하기에는 충분하다.

이런 자세가 해외영업을 하는 경쟁력을 깨닫는 한 가지 방법이다. 영업사원이 스스로를 팔려는 대상은 소속된 기업의 제품, 솔루션, 기업이 제공하는 서비스 이전에 본인 자체다. 해외영업과 영업은 얼굴이 상품이 되어야 한다. 그 얼굴과 내가 갖고 있는 역량과 분야를 고객의 머리에 끊임없이 각인해야 한다.

영업은 같은 것을 배워서 남들과 다르게 구현하는 방식을 끊임없이 창조하는 고도의 전문직이다. 판매대에 세워놓기만 한다고 영업을 하는 것이 아니다. 해외영업에서 고객을 만나기만 한다고 영업이 되는 것은 더더욱 아니다. 고객을 만나면 고객이 해결하려는 문제를 잘 들어야 바른 길로 들어선 것이다. 근본 없이 가격만 싸면 된다는 생각을 하는 사람은 영업의 혼(魂)이 없는 자들이다. 시장은 그렇게만 움직이지 않기 때문이다. 또 그래야 높은 수준으로 발전하기 때문이다.

영업의 과정은 사람과 사람의 만남이다. 이유를 알 수 없지만 영업에 관련된 책은 처세술, 심리학, 각 개인들이 성공한 방식을 모방하는 이야기가 많다. 소설을 보아도 남자라는 바람둥이가 운 좋게 성공하는 이야기들이 많다. 웃음이 나기도 하지만 영업을 해 본적 없는 사람들의 상상력이란 어쩔 수 없다. 그렇다고 그런 면이 없는 것도 아니다.

주역(周易)이 변화에 대해서 창의적인 대응을 하듯, 주역에 버금가는 무역(貿易)도 변화에 대응하는 일이다. 그것도 외국인과 다양한 시장의 변화를 감지하여 사업기회를 일구고, 거래를 하며 변화하는 기술과 시장의 대응을 다양한 사람들과 머리를 맞대고 상호 대응하는 고도의 전문직인 것이다.

상거래에 대한 기초적인 지식 외에 인문, 사회, 금융, 경제, 문화, 예술 등 다양한 분야의 지식이 사람과의 관계 속에 논의된다. 가장 중요한 변화는 해외영업과 영업을 하는 사람은 스스로 변화를 만들어 내고, 그 변화에 기초한 전략을 통해서 손님과 파트너를 변화에 동참하게 하는 일이다. 그 수단이 제품, 서비스일 뿐이다. 영업 조직에게 리더십이 강조되는 이유다.

상거래 속에서 자신이 갖고 있는 장점을 통해서 거래 파트너를 감동시킬 수 있다면 그 거래는 오랜 시간을 함께 할 수 있다. 너무 많은 지식과 정보를 요구하는 종합적인 활동이기에 정리를 못하는 것이지, 그 분야가 협소하기 때문이 아니다. 가장 쉬운 부분이 상거래가 이루어지는 프로세스 부분이다. 이렇게 학문의 범위가 협소하게 정해지다 보니 경영학자들은 무역을 학문이 아닌 기술로 폄하한다. 하지만 기업의 근간은 쉽게 말해서 "만들어서(연구, 개발) 영업하는 것(영업, 해외영업)"이다. 그 속에는 인류의 역사만큼 오래된 인문학이 함께 하고 있는 것이다.

모든 기업에서 영업, 해외영업 부서를 대단히 중요하게 여긴다. 무엇을 만들어 내는 연구 조직과 판매하는 조직이 핵심인 이유는 실질적인 부가가치를 만들고, 부가가치를 실현시키기 때문이다. 쉽게 말해 이 두 부서가 잘해야 다른 부서의 급여가 지급되는 것이다. 나머지 부서는 그 활동이 원활하게 돌아가도록 지원하는 일이고, 그렇기 때문에 outsourcing의 형태로도 관리하는 빈도와 가능성이 더 높은 것이다.

우수한 인력이 자신만의 창의적인 영업 방법을 만들어 스스로를 영업할 줄 모른다면 아쉬운 일이다. 영업은 기업의 작은 얼굴이고 창이다. 그 사람이 업력을 쌓아 지위가 올라갈수록 기업의 이미지를 대표한다. 그 위세가 업종에 미치면 그의 언행을 모든 업종 관계자들이 주목한다. 이는 기업활동의 목적이란 두 수레바퀴 중 하나를 담당하고 있는 영업만의 고유한 능력이다. 연구 조직은 실물로 그 성과를 영업을 통해서 시장에서 입증한다.

실무 단위에서 본다면 Sales Yourself의 방식은 특정한 방식으로 결정되어 있지 않다. 누군가는 음주가무를 하고, 인사를 하고, 정성을 들여 손 편지를 쓰는 이유다. 가장 중요한 것을 나는 인간적 공감과 이를 바탕으로 한 신뢰라고 생각한다. 형식에 너무 치우치면 파트너에게 가까이 다가갈 수 없다. 형식과 진심이 때와 상황에 맞춰서 서로 이해하는 것이 곧 소통이고 공감이다. 내가 파트너에게 이익만을 바라면, 그도 내가 이익 때문에만 나를 만나러 오는 것을 알게 된다. 그도 그의 필요에만 집중하고 됨으로 긴밀하고 밀접한 관계가 될 수 없다.

가장 좋은 방법은 파트너와 고객들로부터 "고맙다", "Thank you"라는 말을 많이 듣는 것이다. 상투적이라도 좋다. 그것이 오랜 시간 지속되면 그 속에서 신뢰(信)가 태어난다. 어쩌면 신(信)이란 타인의 마음에 적립된 나의 저축이다. 고객의 신뢰를 얻지 못하는 것은 나의 태도와 말에서 진심보다는 그에게 바라는 것이 앞서기 때문이다.

사람의 말을 행동으로 지키는 신(信)은 결국 반복적인 일관성을 타인의 마음에 쌓아주고 공감을 통해서 타인의 동의를 묵시적으로 얻어내는 과정이다. 나의 신뢰가 고객이 숙원 하던 문제를 해결하는 방향으로 움직이지 않으면 또 성과가 저조하다. 일시적으로 가능해도 오래가기 어렵다. 동서양을 막론하고 동일하다. 같은 것을 배워서 다르게 체득하고 사용하는 영업의 능력이 중요한 이유다.

이렇게 나만의 방식을 구축하고, 나를 영업하는 것은 중요하다. 나의 장점이 다르고, 고객의 문제가 다르기 때문에 영업은 항상 새로움에 굶주려 있다. 그 속에서 신뢰란 글자를 지켜야 하는 핸디캡도 있다. 많은 유혹을 지켜내고 해야 하는 일이기에 나는 사서삼경의 주역보다 어려우면 어려웠지 쉽지 않다고 생각한다.

기업 조직에서 도(道)라는 말을 쓰는 부서는 영업조직밖에 없다. 상도(商道)라는 말이 있다. 연구에서는 장인정신 비슷하지만 도(道)라고 하지 않는다. '장인정신' 정도가 그 말에 조금 가깝다. 회계, 재무, 제조, 품질, 구매, 물류, 인사, 총무, 마케팅 부서에도 도(道)를 사용하는 것을 들어본 적이 없다. 그것을 하나도 확정하긴 어렵지만 그 말이 존재하는 것이 인간 활동의 전문성에 대한 분야라고 나는 생각한다. 어느 분야도 마찬가지지만, 영업은 자신의 본분을 잃지 않도록 노력해야 한다. 자신의 실패가 기업의 실패에 큰 영향을 주기 때문이다.

영업을 제외한 조직은 온실 속의 화초처럼 키운다. 온실에서는 제일 먼저 잡초를 뽑는다. 광야에서는 잡초가 아니라 꽃과 약초를 꺾는다. 잡초 뽑기 힘들면 불을 놓아 화전을 일구는 것이 인간의 역사다.

영업이 온실에서는 화초가 되고, 광야에서는 꽃과 약초가 되어야 하는 이유다. 그들의 근본이 비어 이랬다 저랬다 하는 것이 아니라 때와 장소, 상황에 맞게 자신의 근본을 유지하며 변화에 대응함으로 나를 영업하고 고객의 마음에 나를 저축함으로 기억의 역할을 수행한다.

그 신뢰 위에서 제품, 서비스가 거래의 형태로 교환된다. 아무리 좋은 제품이라도 상대방이 미우면 절대 사지 않고, 사기꾼이라고 판단되면 더욱 사지 않는 것이 사람의 관계이기 때문이다. 그 작은 사실을 내가 하면 된다고 상상하는 것이 문제다.

영업이 더 멋을 내고 차려 입지만, 성품과 마음을 말과 태도를 가다듬고 고양하는 것만 못하다. 그걸 아는데 황금 같은 시간을 많이 쓸 수밖에 없지만 가치 있는 일이다. 그러면 내가 찾아가지 않아도 사람들이 나를 찾아오게 된다. 그렇게 또 나를 믿는 사람들에게 보답하는 기회가 생기는 것이다.

Vision +

Mission, Target, Strategy, Tactics

영업과 마케팅 조직은 항상 숫자의 굴레 속에 있다. 모든 성과는 계량화되어 숫자로 증명되고, 평가된다. 그 숫자가 영업과 마케팅을 100% 대변할 수 없지만 회계라는 과정을 통해서 기업의 성과를 증명하는 방법을 사용한다.

숫자가 인격이라는 비인간적인 표현을 통해서 공감과 필요, 불편함과 만족감을 갖고 사는 직업이 바로 영업과 마케팅이다. 장부가 마이너스가 되면 F학점이다. 0은 사실 거의 발생하지 않는다. 플러스가 되면 A학점이다. 경영이 어려운 이유고, 그 성과를 결정하는 영업과 연구개발이 기본적으로 스트레스가 많은 이유다. 하지만 그 속에서 사람과 사람을 만나는 다양한 이야기가 담겨있고, 그 이야기의 깊이만큼 질적인 평판이 생긴다.

영업은 전투에서 장수, 술집 마담, 꽃, 열매로 상황에 따라 다양하게 비유를 한다. 항상 기분 좋은 것은 아니며, 한 개인이 이렇게 다양한 재능과 재주를 갖고 있는 것은 아니다. 각 개인의 존재가 상징 속에 숨어 있지만 나의 진가를 발휘하며 살아야 한다.

조직에서 영업과 마케팅 조직은 연예인과 같은 재능을 요구하기도 한다. 나는 그것이 매우 부당하고 부적절하다고 생각한다. 아주 옛날 실력이 없을 때의 이야기다. 보다 당당하고 자신 있게 영업하는 시대로 변화가 오래 전부터 시작되었다.

부합하는 자질을 갖은 사람들도 있지만, 만들어 가는 것이다. 영업과 마케팅은 종사하는 업종의 기술, 기업, 시장, 경영을 이해하고 그 업종 동업자들, 즉 사람을 이해하는 고도의 전문직이다. 이런 이유로 다양한 인문, 사회,

경제, 금융, 국가, 문화에 대한 정보들을 습득하고 사용한다. 전략적으로 사물을 접근하는 이성적 판단 알고리즘을 내부적으로 계발하고, 성품과 인품을 바탕으로 인간적 매력을 갖추어야 빛을 발한다. 영업과 마케팅을 하면서 주위에 사람이 모이지 않는다면 좋은 결과를 도출하기 힘들다

영업은 명확한 목표가 있다. 두 번째로 영업의 목표는 그들만의 목표가 아니라 전사의 이목을 집중시킨다. 그들이 손에 의해서 시작된 계획이 사업계획, 투자계획, 운영계획, 개발계획에 심대한 영향을 준다. 그 결과는 숫자라는 통일된 상징으로 수렴된다. 동시에 숫자는 다양한 의미를 품는다. 경영의 기본은 생산과 판매로 단순화하고 결국 계획을 궁극적으로 실현하는 한 축을 영업이 관장하는 것이다.

단순히 제품과 서비스를 고객에 전달하고 자금을 회수하는 외형적인 반복 작업이 아니라 우리가 하고 있는 사업이 어떤 방향으로 갈 것인가의 vision(꿈)이 있고, 그 vision을 위해서 우리가 해야 할 mission(사명)을 명확히 드러내야 한다.

종사는 업종에서 기업이 차별화된 전문성을 추구하는지는 그래서 매우 중요하다. 그 전문성이 기업을 상징하는 identity(정체성)가 된다. 기업을 볼 때 경영이념과 철학을 바라보는 이유다. 내부 구성원에게는 자부심을 고양하고 높은 성취를 도전하는 동기를 부여하는 원동력이다.

그 결과 value(가치)를 시장에 제공하고 고객과 시장이 해결하고자 하는 문제에 기여하는 수준에 따라 반대급부의 크기가 정해진다. 좋은 말만 액자에 써 놓고 실행이 없다면 보여주기에 불과하다. 보여주기와 실행의 차이만

큰 기업이 수준은 차이가 난다.

Mission이 합의되고 자각하면 구체적인 실행 작업을 한다. Mission에 도달하기 위해 우선순위에 따라 market과 customer, product, service & solution position과 target vertical market, expansion & convergence라는 다양한 분석 툴을 이용하고, 의사결정 한다. 세상에 산은 많지만, 당장 어떤 산을 올라갈 것인가를 결정하는 것이다. 축구와 비교하면 리그에서 최종 우승을 위해서 다음 경기의 상대 팀을 몇 대 몇으로 이겨야 하는 과제를 결정하는 것이다. 그것이 바로 target plan(목표)다. 목표가 불명확하다면 다시 한번 내부 역량을 확인하고, 할 수 있는 것과 하고자 하는 것, 시장이 필요로 하고 고객이 요구하는 것과 우리가 할 수 있는 것을 다시 한번 돌아보고 명확하게 내부 alignment를 해야 한다. 이 내부 일렬화가 다시 시장까지 확장되도록 하는 곳에 해외영업과 영업이 존재한다.

목표가 결정되면 전략을 수립하게 된다. 목표가 what이에 관한 정의라면, strategy(전략)은 how 즉 방법적인 수단을 확보하는 단계다. 기업에서 내가 제일 많이 듣는 말이 전략이다. "전략적 사고와 전략적 접근을 통해서 고객을 전략적으로 대응하는 사업전략을 만들어라"와 같은 이야기다. "쟤는 뭐라?"라는 우스갯소리가 나온다.

왜냐하면 전략의 부재를 고민하는 사람들은 사실 목표의식이 부재가 더 많다. 혼란스럽고 혼돈스러운 과정을 거치는 이유는 내가 여기서 무엇을 해야 하는 것인지를 명확하게 이해하지 못할 때가 더 많다. 역할과 책임(Role & Responsibility)의 관점에서 어떤 자리를 주는 것은 그 자리에서 반드시 해야 할 일이 있기 때문이다. 축구에서 수비수가 최전방 스트라이커의 위치에 뛰어다니면 교체를 할 수밖에 없다. 수비의 역할을 한 후 남는 여력이 있을 때에 미드 필더와 공격수를 지원할 수 있는 것이다. 그 상황에서도 수비에 대한 책임은 수비수에게 있는 것이다.

물론 방법적인 대안이 없을 때도 있지만 시간은 답을 만드는 가장 느리고 좋은 해결책이다. 전략이 없다면 다시 한번 목표를 돌아봐야 한다. 산을 남들처럼 등산로 따라갈 것인지, 암벽을 타고 올라갈 것인지, 축구를 4-4-2로 할지, 4-3-2-1로 할지는 그 목표 대상에 따라 결정한다. 한 가지 방법만으로 모든 것을 대응하는 방식은 성공적일 수도 있지만 오래가지 못한다.

그 대상이 결정되면 보다 우수한 전략적 의사결정을 위해서 관련된 정보를 수집 가공한다. 이것도 의사결정을 위한 일이다. 도둑들이란 영화에서 세부적인 설계를 하는 과정과 비교하면 쉽다. 그 역할의 핵심에 마케팅 조직이 있다. 귀금속의 존재, 귀금속을 획득하기 위해서 요구되는 능력, 그 능력을 갖은 사람, 각 분야별로 모아진 사람을 모으는 리더십 등을 통해 알 수 있다.

축구의 예를 들면 코치와 감독이 상대팀의 전략, 우리의 약점과 강점을 확인하고 대응 전략을 결정한다. 개별 전략의 실행은 영업의 몫이지만 브랜드를 하는 기업에서는 영업의 시장 의견, 조사로 취합된 정보, 시장의 기술 트렌드와 내부 기술 로드 맵을 감안하여 전략을 결정한다. 신참 선수가 어떤 계기와 특별한 정보, 아이디어를 제안할 수 있지만 반복적인 작업을 통해서 역할을 잘 수행하기 위해서는 어느 정도 시간이 필요하다. 기업에서도 전략적 의사결정 단위에서는 직책과 경험, 지식과 실행력을 시간 단위를 기준으로 요구한다.

마지막으로 tactical operation(전술적 실행)이다. 목표와 전략이 아무리 뛰어나도 전술이 뒷받침되지 않으면 아무것도 성취되는 것은 없다. 제갈량이 마속의 목을 벤 것은 목표와 전략이 부족해서가 아니다. 전술적인 실행의 부족이다. 전술적인 실행에서 실수를 줄이기 위해서는 반복적인 훈련도 중요하지만, 목표와 목표를 쟁취하기 위해서 구성원들과 합의된 협력을 명확하게 이해하고 합의하는 것이다. 그래야 임기응변을 해도 팀워크를 깨지 않는 범위에서 합리적으로 대응할 수 있다.

그 다음이 개인의 역량이다. 아무리 뛰어나도 선수 혼자서 골키퍼에서 공격수까지 다 할 수가 없다. 백 미터를 5초에 뛰고, 90분을 계속 유지할 수 있다면 모르겠다. 기업이란 조직에서 영업이 전 과정을 이해하는 것은 자신의 역할을 정의하기 위해서 대단히 중요하다. 하지만 그 모든 과정을 다 할 수가 없다. 시장에 대한 통찰력이 좋다고 모든 시장을 대응할 수도 없다. 시차가 다른 시장을 운영하는 해외영업도 사람이기에 잠 안 자고 일할 수는 없기 때문이다. 비교우위를 인정하고 최적화와 최대한 작업을 할 수밖에 없다. 목표를 달성하기 위해서 가장 효과적인 부분에 집중해야 한다. 인간은 부족함에 익숙해져야 한다. 동시에 부족함을 잘 이해해야 그 부족함을 채우는 방향으로 정확하게 움직이고, 이것이 효과를 이끌어 낸다.

종종 뒤지던 경기에 교체된 후보가 극적인 결승골을 넣는 결과는 전략과 목표를 수정하는 계기가 된다. 실무적인 영업에서 전략을 넘어 개인의 역량이 크게 돋보일 수 있는 부분이다. 영업을 항상 주시하고 기대하게 하는 근본적인 이유고, 영업이 이로 인해서 부담을 갖는 원인이다.

궁극적으로 숫자를 만들지 않는 마케팅이 상대적으로 박탈감을 갖게 되는 이유지만 함께 하기에 응원을 하는 이유다. 경기에서 골은 선수가 넣는다. 감독과 코치가 공을 차서 골을 넣으면 퇴장이고 반칙이다. 대외적으로는 몰라도 인력을 양성하는 과정은 그렇다. 역할과 책임이 중요한 이유다. 숙련자가 될수록 지도자를 할 품성과 지혜가 축적되어야 하는 이유는 인간이 만든 조직구조의 순환을 위해서 필요하다. 인생의 생로병사와 인류문명의 지속성을 생각하면 당연한 이런 과정과 세대교체가 자연의 법칙처럼 순환되어야 한다.

아무리 뛰어난 선수도 선수로 뛰는 기간은 한정되고 그 이후를 준비해야 한다. 한 가지만 보고 삶을 살면 커다란 실패의 장벽을 마주하게 된다. 어깨 넘어 세상을 바라보는 안목은 유연한 사고를 요구한다. 사업도 영업도 마찬가지다. 리더들이 많은 추종자들을 어깨 위에 올려 넓은 세상을 보게 해야 한다.

모든 단위 조직은 전술적인 실행을 하는 유기적인 조직이다. 열린 마음(open mind)이 중요하다. 훈련된 포메이션 안에서 선수들의 약속된 움직임을 예측하듯 팀워크를 발휘하는 구성원들은 서로의 역량을 이해하고 움직여야 한다. 동시에 골을 만들기 위해서 기다리는 것이 아니라 내가 더 움직여서 기회를 만드는 공헌 의식이 필요하다. 팀 활성화(Team Building)를 통해서 역할과 책임을 인지하고 협력과 헌신을 이해하여 호흡을 맞춘다. 영업은 골을 넣어야 하는 공격수의 역할로 성과를 쟁취할 책임이 있다. 리더십을 말하는 이유는 더 큰 책임과 더 좋은 혜택의 가능성이 공존하는 이유다. 자원에 기대가 집중되었기에 높은 정신자세가 요구되고, 질책도 높은 것이다.

꼭 좋은 선수가 좋은 감독이 되는 것은 아니다. 잘 못하는 것을 이해하지 못하는 우수한 인력은 경험하지 못한 것, 이해하지 못하는 것을 가르치는 한계가 있다. 하지만 영업조직에서는 잘 하는 사람이 전략적, 조직적 이해가 높고, 성품과 실행력이 좋은 경향이 있다. 그들이 리더가 될 위치를 선점할 수 있는 좋은 기회가 열려있는 것이다. 영업은 종합적인 활동이기 때문이다. 내부와 외부의 경계에서 더 많은 정보를 갖고 커뮤니케이션을 주도할 수 있다. 좋은 인품과 인간적 매력이 없다면 이를 달성하기 어렵고 도퇴하기 때문이다.

이런 매력이 영업을 하는 이유이고, 특히 해외영업을 하는 이유다. 나는 업종에 종사함으로 세상에 존재하는 문제를 해결함으로 기여하고 있다. 그 문제의 해결 분야가 내가 종사하는 분야와 업종이다. 그 분야와 업종 중에 나와 직접적인 거래를 하는 고객들의 문제와 내가 다니는 기업의 역량을 보고 새로운 사업을 추진하고, 기존 사업을 조정하며 함께 시장에 대응한다. 그 과정에서 내가 이 업종에서 치열하게 생활하고 또 후배들에게 자리를 넘겨주고 지나갔다는 사실이 조금 오래 기억될 수 있도록 열심히 살아갈 뿐이다.

困而不學

수담

논어를 읽고 나면 마음속에 담는 글귀가 매번 다르다. 곤이불학(困而不學)이란 글이 그렇다. 네모 안에 나무가 있으니 정원이 아닌가라는 상상도 하지만, 틀에 가두면 나무가 잘 성장하지 못하니 곤란하다고 기억하면 쉽다.

원문의 뜻을 일상의 언어로 옮기면 태어나며 아는 자가 최고이나 이는 사람의 영역이 아니다. 배우고 아는 사람이 다음 수준이라는 말은 당연하지만 사람은 그렇게 열심히 공부하지 않는다. 고생을 하고 공부를 하면 그 다음이다. 사람들이 체험하고 공부를 하고 나아지는 수준이다. 우리는 이 수준만 해도 대단한 경지에 오른다. 가장 낮은 수준은 이 글의 제목이다. 고생을 하고도 공부하지 않는 것, 이것의 나를 포함한 많은 사람들의 일상이다.

말레이시아 전시회에 싱가포르 파트너가 왔다. 딘타이펑에서 만두를 먹으며 서로 살아가는 이야기를 했다. 일 이야기만 하는 것은 짧은 시간이면 충분하다. 세상을 살아가는 방식은 지역마다 다르지만, 사람들이 나이가 들고 깨닫는 것은 비슷하다. 동종의 업종에서 함께 할 때 공감대가 높은 것이다. 이런저런 이야기를 하다 중국계 친구에게 수담으로 몇 글자를 썼다.

한참 글귀를 보더니 고생을 하고 가끔 공부하거나 안 하거나 하는 수준이 내 수준이라고 이야기한다. 나도 스스로가 그렇다고 대답했다. 한참 서로를 보면서 웃다가 어디에 나오는 글이냐고 묻는다. 중국사람들은 모두 논어 정도는 안다고 생각하는 나의 생각이 편견이었다. 한국 사람이 질문만 하면 용비어천가와 관동별곡을 능수능란하게 안다고 생각하는 것과 다르지 않다. 내 스스로가 한참 바보 같다고 생각했다. 공자(孔子)의 논어(論語)라고 말하니 자기는 읽어 본 적이 없다고 한다. 그 말이 다시 한번 놀랍다. 그리고 다시 내가 더 바보 같다고 생각했다.

간체를 쓰는 중국 본토는 글씨 읽기가 어렵다. 40대 정도면 우리가 쓰는 한자와 간체를 다 알지만 젊은 세대는 그렇지 않다. 싱가포르 친구도 네가 더 잘 쓰는 것 같다고 하지만 읽을 수 있는 한자와 쓸 수 있는 한자의 수준은 다르다. 구글링을 해서 다시 글귀를 찾아보더니, 전화기에 저장을 한다. 오늘 갑자기 이 글귀를 보고 여러 가지 생각을 하게 됐단다. 무엇인지 모를 일이지만 친구에게도 좋은 의미가 되었으면 한다.

종종 아시아에서 서로 만나서 영어를 쓰다가도 중국계와 한자 몇 마디를 교환하는 수담은 색다른 느낌을 준다. 공통 문화의 공감대를 바탕으로 그 의미가 비슷하게 다가오기 때문이다. 다음에 볼 때엔 논어를 한 권 사주기로 했다. 출장에서 돌아와 여러 가지 일들을 돌이켜보면 많은 사람들은 자신들의 욕망, 희망, 꿈을 위해서 움직인다. 그런데 또 잡지 못한 그 꿈과 희망과 욕망을 바라보면 공부하지 않는다. 나부터 그렇다.

출장에서 새벽에 도착해 오전에 회사에 다녀왔다. 쉬고 싶은 마음은 인지상정이지만 기다리는 사람이 있다는 이유는 고마운 일이다. 게다가 오랜만에 후배 녀석이 저녁에 보자고 연락이 왔다. 그렇게 기억하고 찾아주는 사람이 고맙다. 바쁘게 보내는 와중에 물극필반(物極必反)이란 글귀를 오늘 보게 되었다. 사물이 극에 달하면 반드시 반한다는 말이 족하면 그칠 줄 알아야 하고, 비워야 다시 무엇을 채울 수 있다는 의미라고 느낀다. 노자의 말처럼 자연스러운 흥망성쇠의 과정을 의미하기도 하고, 사람은 결핍을 채우는 방향으로 움직인다는 의미와도 일맥상통한다. 그런데 이 글귀를 말하는 사람의 행동을 보면서 그것이 학이지(學而知)인지 곤이학(困而學)인지 곤이불학(困而不學)인지 참 알 수가 없다. 장점으로 살아가지만, 내가 스스로 곤이불학(困而不學)하고 있는 스스로를 경계한다.

　　그리고 얼마 후 출장 중에 술을 한잔 마시며 써준 글자가 있었다. 시종여일(始終如一)이란 말도 초심을 갈 간직하고 서로 사업을 잘 해보자는 의미다. 냅킨에 써준 글씨를 이미지로 붙여서 새해 인사가 왔다. 서로 만나서 한 약속을 지키자는 말보다 동양사회에서 이런 수담은 더 많은 의미를 담아서 부드럽게 보낼 수 있다. 이와 달리 "초심처럼 약속을 잘 지켜주세요"라고 새해 인사를 한다면 좀 난감하지 않을까 한다.

손이 많이 가는 사람, 손이 빠른 사람

손이 안가는 손이 빠른 사람이 되자

출장에서 돌아오자마자 미국에서 온 사람들과 미팅, 사업계획, 중국 전시회 이후에 거래를 협의하는 업체들과의 약속을 진행하고, 아프리카에 다녀온 업체와 계약을 마무리하다 보니 일주일이 정신 없이 또 지나가고 있다. '여긴 어딘가? 나는 누군가?'라는 의문이 들 정도로 바쁘다.

어제는 함께 일을 했으면 하는 사람들의 소식을 묻고 만나다 보니, 스스로를 돌아볼 시간도 없이 지나갔다. 여름휴가도 써야 하고, 금년엔 어디 놀러 가지도 못한 가족들에게 미안하다. 벌써 크리스마스가 다가오는 것을 길거리 장식에서 알게 되니 '뭐하고 사나?' 하는 생각도 든다.

'졸다 자다'를 셔틀하며 보내는 주말은 무료할 틈도 없다. 학원에 갔다가 다녀온 막내가 게임 하는 모습을 좀 보다가, 츠바키 문구점을 읽는데 피곤할 때엔 역시 쉬는 것이 제일 좋다. 무엇인가 잘 되어 간다는 것이 좋은 일이기도 하고 다시 준비할 때이기도 하다. 내가 돌아보지 못한 것들이 잘 되는 무엇인가가 삶에서 교환되기 때문이다. 어째든 무엇을 하려면 견딜만한 컨디션은 중요하다.

어제 러시아 조 추첨 장소에서 사촌 형이 보내준 사진을 봤는데 우리나라의 예선 통과는 어려워 보인다. 흥하게 조합을 계산하거나 정신 승리법을 강조하는 만행은 이제 그만 하길 바란다. 기사를 찾을 생각은 안하고 책상에 앉아서 하던 방식대로 기사를 쓴다. 세상과 소통하기 위해서는 실력이 가장 중요하고, 그래야 운도 따라오는 법이다.

멕시코 친구 녀석이 이번에도 베팅을 하자고 메일을 보내왔다. 오래 전 월드컵에서 국가대표 유니폼 내기를 해서 멕시코 유니폼을 하나 받았는데

10년이 지났어도 잊지 않는다. 그 뒤에 후임 담당자가 왜 자기는 내용도 모르는데 유니폼을 사줘야 하냐고 엄청난 불평불만을 한 기억도 난다. 그 녀석이 자기 것도 사내야 하는 것 아니냐고 엄청나게 담당자를 달달 볶았나보다. 함께 사업이나 잘 해보자고 답장을 해줬다. 현실을 보고 빠른 판단을 하는 것은 삶에 있어서 중요하다. GG를 얼른 치고 나니 마음이 훨씬 홀가분하다. 유니폼이야 하나 사줘도 그만, 받아도 그만이다. 늦은 밤에 편지를 주는 그 마음이 가장 고맙다. 어차피 월드컵 전에 한 번 만날 것이다.

세상을 살아가며 '손이 많이 가지 않는 사람이 되어야 한다'는 다짐을 한다. 남에게 불필요하게 폐해를 주는 것은 남의 소중한 삶과 시간을 낭비하는 행위다. 무한한 시간처럼 보이지만 삶의 시간은 그렇지 않다. 나이가 마흔에 들어가며 깜빡증이 생기고, 마흔을 훌쩍 넘기며 이제는 이야기 하면서 깜빡증이 생긴다. 이렇게 나도 조금씩 손이 가는 사람이 되어가는 것은 사람의 생체 주기를 볼 때 당연한 것이다. 팀원들이 "아버님, 이거 하셔야죠?" 라고 놀려도 그러려니 하는 나이가 된 것이다. 그래서 메모와 기록이란 좋은 습관을 만들어 가는 것이 중요하다. 그렇지 않으면 손이 많이 가는 아저씨가 될 공산이 높아 보인다. 지랄 맞다는 소리를 듣는 성깔머리까지 있으니 이대로 간다면 손이 많이 가능 괴팍한 노인이 될 가능성이 높은 것이다.

손이 많이 간다는 것은 다양한 의미를 갖는다. 성격, 습과, 태도, 가꿔온 성품과 타고난 성품, 지식과 지혜 등이 조금 부족하다는 의미로 해석된다. 뭔지 모르지만 약간 찜찜한 느낌 그런 것이다. 부족한 부분을 포괄적으로 의미한다. 모든 것을 다 갖은 사람은 없다. 성품은 씩씩해도, 지식과 지혜로 남에게 기여하고 도움을 줄 수 있고, 능력은 조금 부족하지만 사람들이 소통하는 허브와 같은 인간적 매력을 갖은 사람들도 있다. 이도 저도 아니면 필요한 사람이 아니라 동정과 수혜를 받아야만 한다. 아파서 누운 사람과 같다. 세상을 독립적인 상태로만 살아가는 사람은 없다. 내가 누군가의 손을 덜어주고 누군가가 나의 손을 덜어주는 그런 사람이 되어야 한다. 협력과 협동이 별것인가? 이를 통해서 자신의 운동장, 관계망을 넓히는 것이다. 자신의 본분과 책임을 잘 알고 수행하며 타인을 따뜻하게 바라보는 자세가 필요하다.

그럼에도 세상에서 도전하는 일이란 10개 중 3개 수준의 성공률이면 잘하는 것이고, 하던 일의 목표대비 70~80% 수준으로 지속적인 성과와 결과를 낸다면 평균은 되는 것이다. 지금도 특정 과목에 치중하던 어린 시절의 습관이 아직도 남아 있다. 잘 고쳐지지가 않는다.

목표는 항상 금년 것보다 올라가기 마련이다. 세상은 항상 100%, 초과 달성이라는 성장 중심의 관점이 지배적이다. 똑같은 결과와 수익을 낼 수 있다면 성장은 굳이 도모할 필요가 적어지고 한다. 미래에 대한 불확실성을 성장 목표로 상쇄하려는 인간의 노력이 표출되는 방식이다. 유한성을 갖은 인간에게는 벗어날 수 없는 과제다. 사실 매년 그렇게 성장하면 나가서 내가 사업을 하지 왜 사무실에서 이렇게 아무거나 다하는 흥신소 대장을 하고 있겠어. 그렇지 않나요?

중요한 것은 어떤 결과에 책임을 지고, 목표를 달성하면 안정적인 구조를 공고히 하는 준비를 해야 한다는 사실이다. 목표에 미달하면 새로운 대책과 방향에 대한 의사결정과 준비를 하는 것이다. 이러한 책임의식이 없다면 권리가 주어져서는 안 되고 권리와 책임의식이 부재하면 그 사람이 앉아있는 자리는 필요가 없어지는 것이다. 의무가 우선인 것이다. 개인 간의 관계는 손이 많이 가도 보듬고 또 멀어지고 가까워지길 반복 한다. 사회 계약적 관계를 차치하더라도 서로의 필요와 공헌을 약속하고 만나는 사회에서는 손이 많이 가면 멀리할 뿐 아니라 선을 긋게 된다. 사람들이 공과 사를 말하는 것도 분별과 구분을 통한 의사결정을 위한 것이다.

손이 많이 가는 사람에서 벗어나면 손이 빠른 사람이 되어야 한다. 손이 빠르다는 것이 일을 빨리빨리 한다는 의미만 있는 것이 아니다. 물리적으로 손을 움직여 성과를 내는 분야, 자판을 두들겨 성과를 내는 분야 모두에게 빨리 빨리는 중요한 것 같지만, 정작 중요한 것은 제대로 하는 것이다.

소비에트 시절에 9시에 고랑을 이고, 10시에 씨를 뿌리기로 했다. 9시에 와서 일해야 하는 사람이 11시에 왔다. 10시에 씨를 뿌리기로 한 사람은 자기가 해야 할 일을 하고, 11시에 온 사람은 또 가기 일을 하고 간다. 그 체제의 비효율을 말하기 위해서지만 우리도 종종 비슷한 일을 경험한다.

제대로 하지 않는 것이 양산하는 비효율은 어디에서나 심각하다. 심지어 삼성의 임원이 남이 제대로 하지 않는 일을 바로 잡는 일에 직원들 업무 대부분이 소모된다는 지적은 상당히 깊이 있게 생각해 볼 필요가 있다. 손이 많이 가는 사람은 작은 기업이든 대기업이든, 업무의 차이와 상관없이 인간이 존재하는 모든 곳에 함께한다. 그래서 우리는 손이 더 가는 사람이자, 손이 빠른 사람이 되야 한다.

손이 빠르다는 이야기는 머릿속으로 상황의 인식, 판단, 목표, 목표를 향한 방법, 그 결과가 갖고 올 영향에 대해서 결정하고 예측 판단했다는 것이다. 시뮬레이션은 기계와 프로그램만 하는 것이 아니다. 인간이 가장 잘 하는 것이다. 손은 절대로 두뇌의 움직임 없이 움직이지 않는다. 단지 표현을 칭찬의 방식으로, 중립적으로 표현했을 뿐이다. 손이 느리다는 것은 의사결정력의 문제다. 이는 실무에서 관리자가 되기 위해서 훈련해야 하는 대단히 중요한 덕목이다.

일정 수준이 되어 실무가 몸에 착착 붙는 베테랑이 되면 손이 빨라진 것 같고 자신감도 생긴다. 눈감고도 업무 프로세스와 현상에 대한 실무 대책이 착착 나온다. 그런데 관리자가 되어 갈수록 업무 역량이 떨어지는 사람들이 있다. 나는 그 차이가 스스로의 학습이 부족한 이유라고 생각한다. 꼭 책을 보는 학습을 의미하는 것이 아니다. 자리에 맞는 사고와 안목, 지식과 휴먼 네트워크가 준비되지 않은 경우가 많다. 대리는 과장의 일을 보고 머리로 시뮬레이션하고, 과장은 차장을, 차장은 팀장의 일을 그렇게 시뮬레이션하여 준비하는 것이다.

마이너리그에서 메이저리그에 올라온 선수는 마이너리그에서는 꽤 인정받는 수준일 것이다. 그들이 메이저리그에 올라와 희비쌍곡선을 타는 이유도 비슷하다. 타율이 조금 떨어져도 타점과 득점이 높은 선수가 있고, 타율은 높은데 타점과 득점이 대단히 낮은 선수가 있다. 팀의 상황과 상대팀 투수에 따라서 안타를 노리고 휘두르는 것보다 희생 번트나 외야 희생타를 노리는 방향과 타구가 중요할 때가 있다. 그것이 타율 관리보다 훨씬 중요할 때가 있다. 홈런을 치면 가장 좋지만 항상 홈런을 칠 수 없다. 그걸 인정하지 못하고 매번 풀 스윙만 할 경우에는 다시 마이너리그로 갈 수밖에 없다. 지출을 늘리고 지위를 올리면 기분이 좋지만 늘어났던 지출을 줄이고 지위가 내려가는 것을 참는 것은 삶에 있어서 쉬운 일이 아니다. 항상 어떤 새로운 일과 지위를 시작할 때의 초심을 유지하는 것이 중요한 이유다.

삶을 살아가는데 가장 중요한 덕목을 '인내'라고 한다. 그 인내라는 것도 정확한 목표, 이유, 이익이 필요하다. 스스로도 잘 알지 못하던 때에는 실수가 잦았고, 지금은 조금은 줄어들지 않았나 생각한다. 그 과정에서 책과 영화라는 인류 문명의 혜택을 보았다. 체험해야 알 수 있는 일이기에 실행을 해보는 것이 좋다. 그래도 인내는 정말 어렵다.

책을 읽는 이유가 학자들의 학문적 접근도 있지만 궁극적으로 인간세상에서 벌어진 다양한 이야기를 간접적 체험하는 것이다. 이를 통하여 이해와 안목의 확장을 도모한다. 빅 데이터를 모으는 것이 중요한 것이 아니라 어떤 목표를 위해서 어떤 가능한 데이터를 추출해서 분석할 것인가? 결정하는 것이 중요하다. 무작정 모은 데이터는 의미가 없다. 분석을 하고 전통적인 인간 수리 능력을 기반으로 가설, 검증하는 복잡한 과정을 한다. 요즘은 기계와 기계가 서로 데이터를 주고 받고 학습을 한다. 기계의 힘을 통해서 빠르게 추출해서 현상을 실시간으로 파악하고 적절한 조치를 취한다. 이런 자동화도 사람 대신 의사결정을 하기 위한 일이다. 의사결정은 실행을 위해서 필요한 전제조건이다. 그렇게 세상이 좋아지면 나처럼 손이 많이 가면 기계가 나를 잘 도와줄 것이란 기대와 동시에 귀찮아서 어디다 패대기를 치지 않을까 여러 가지 생각을 한다.

인간이 지식의 확장을 통해서 지혜의 과정으로 가는 것과 같고, 공자의 일이관지와 같은 사고체계를 기계에 도입하는 것이라고 생각한다. 인간이 만든 모든 문명은 인간의 사고 틀을 넘기 어렵다. 인간이 책을 읽고 정보를 습득하는 다양한 과정이 나만의 데이터를 모으는 과정이다. 그래야 나만의 인사이트 즉 통찰력과 안목이 생긴다. 사람과의 교류를 통해서 서로의 통찰력과 안목을 교류한다. 그 중 가장 저비용이며 효과적인 방식이 책이며 손이 빨라지는 가장 좋은 방법이다. 내 경험으로는 그러하다. 다만 기계의 결과는 시각화(Visualization)라는 데이터 표출 기법을 통해서 전해지고, 사람은 실행이란 행동을 통해서 보여주고, 실행을 이끌어내기 위한 협력구조를 위해서 말이란 언어를 사용한다. 기계가 더 좋은 수단을 갖고 있고 계산능력을 갖고 있지만 아직도 사람이 이해하고 예측하는 능력에서는 압도적이다.

요즘 들어서 내 삶에 있어서 생각하는 것은 갈수록 처리속도가 떨어지니 지속적으로 손이 빨라지는 것을 유지하는 방법은 혼자 하는 것이 아니다. 지금까지는 내가 북 치고 장구치고 했다면, 이제는 북 치는 사람과 장구 치는 사람에게 기여하는 방식으로 움직여야 한다. 그렇게 삶의 상황과 방식이 바뀌어 갈 즈음이다. 그런 준비는 또한 나의 몫이다. 공적으로 사적으로 그리고 그것을 넘어 인간적으로. 미래는 항상 이런 저런 생각으로 즐겁다가 다시 불안하다를 반복한다.

영업이 연구 개발과 대화할 때

타인의 상상을 현실에 꺼내주는 사람들

업무상 개발자, 연구원 즉 수석, 책임, 선임, 주임이란 직책을 갖은 사람들과 대화할 때가 많다. 개발자들이 해외영업 업무특성을 빗대어 가장 많이 하는 말이 "사기꾼"이다. 십 원도 떼먹은 적이 없고 되려 출장을 다녀올 때 초콜릿이라도 사주는 우리를 이렇게 부른다. 배은망덕이다.

A급 무엇인가를 만들었는데 영업은 이것을 C마이너스로 형편없이 시장에 내돌려 마음을 상하게 하거나, A++로 침소봉대로 영업을 보면 논리적인 구조체와 회로를 만드는 사람들의 눈에는 그렇게 보이나 보다.

업무가 어려워 질수록 R&D 가족은 영업이라는 그때 그때 다른 변죽쟁이들이 실적도 없으면서 고급 인력을 부려먹는다는 피해 의식도 있다. 예쁜 짓은 가뭄에 콩 나듯 하고, 오키나와 옆에 있을 법한 욕이나와에 귀양을 보내고 싶은 생각이 떠오르는 것 같다. 매일 매일 다른 것을 들고 와서 빚쟁이처럼 자신들을 부려먹는 못된 부류인 것이다.

그들이 지켜볼 때 영업은 노닥거리거나 잠시 키보드 워리어 활동을 하고, 저녁에 술 마시고 노는 활동이 전부처럼 과장돼 보이나 보다. 우리 회사가 엔터테인먼트 회사가 아닌데 영업 선수들은 하여튼 뭔가 나를 힘들게 하는 기분을 준다는 것이다. 쉽게 쟤들은 너무 논다는 생각을 하는 것이다.

반면 영업이 개발자들을 볼 때에는 자기 하는 것 하나 빼고는 주변 돌아가는 상황 파악이 잘 안되고 눈치는 참 야박할 정도로 없다는 것이다. 삐치면 어찌나 사람 속을 태우는지 별거 아닌 것으로 고집을 부린다. 무엇인가 잘 안될 때는 설명하는 방식이 급변한다. 온간 관련 전문 용어를 사용해서 '너 님과 대화는 외계어로'라는 차단을 시전 한다. 얼굴에 '못 알아듣지?'라는 만면의 미소를 날리기도 하고, 서투른 표정관리가 '내 실수는 말할 생각이 없다. 말하는 것은 너의 실수만. 양심상 엄청나게 회피 기동 중이다'를 알려준다. 그러면서 '영업은 다 하는 거 아니에요?'라는 말까지 양념으로 곁들여 준다면 사태는 점입가경이 된다.

영업이 바라보는 시장과 고객의 이야기를 전달하면 개발자들은 포장은 장인정신으로 하고 실제로는 '난 네 말을 들은 생각이 애초부터 없었다'는 생각이 아닌가라는 느낌도 든다. 결국 잔소리는 영업의 몫이나. 하나 잘하는 것도 없는 사람들이 일정도 품질도 안 맞춘다고 타박 일색이 되고, 얌전하던 개발자는 분노의 고함을 치기도 한다. 생긴 것은 남자답게 생겨 갖고 안에는 변덕스러운 처자, 아줌마, 할머니가 세 명씩은 안에 계신 듯 하다고 서로 손가락질을 한다. 영업도 쉽게 말해 재들은 너무 논다는 생각을 하는 것이다.

서로 상대방이 논다고 생각하는데 회사가 돌아가는 것은 각자의 영역에서 무엇인가를 하고 있는 것이다. 단지 그 사람이 무엇을 하는지 가까이 들여다보고 그들의 노고를 느끼지 못하기 때문이다. 이런 이유로 멀리서 보면서 '재들은 참 편하게 산다"라는 자기도 잘 모르는 소리를 하고 있다. 내가 영업이니 영업의 입장에서 조금 편파적으로 생각해 보기로 한다.

1. 심각한 문제로 고객의 호출이 떨어졌을 때

사태는 모두가 잘 알고 있다. 대화의 수준은 문제 해결이 우선이냐 책임이란 공으로 탁구대회를 개최할 것인가에서 결정된다. 솔직한 것이 주도권을 내주고 추궁을 당한다고 생각하면 망한 것이고, 고객님의 요구사항을 정확하게 전달하고, 이를 해결하는 방식과 시간을 결정해서 다시 대책을 수립하는 것이 사는 길이다. 대개 이런 대화의 시작에서 "누가 했나? (또는 어떤 놈이냐?)"라는 포문은 망한 대화를 시작하는 아주 간단한 방법이다.

"무엇인 문제인가?"가 중요한 사항이고 "어떻게 해결할 것인가?"가 핵심 사항이다. 감정의 절제가 필요한 이유는 시간을 크게 단축하고 업무 지체를 줄일 수 있기 때문이다.

2. 무엇인가 시작할 때

내가 기획한 내용으로 특허 완료까지 해 본 경험으로는 사전 준비단계가 대단히 중요하다. 무턱대고 사전 워밍업도 없이 '내일까지 이거 해주세요'라는 말이 빠듯한 개발 일정을 진행하는 연구원들에게 봉 걸레를 잡고 싶은 충동을 준다.

연구원에게는 분야가 있고, 할 수 있는 것과 없는 것이 존재한다. 연구원 개인은 슈퍼 히어로가 아니다. 연구원들이 협력해서 슈퍼 히어로의 역량을 도출하기 위해 그들도 부단히 노력한다. 연구원은 당연히 그래야 한다고 생각한다면 영업은 불량품도 명품으로 팔 능력을 보여줘야 한다. 서로 피곤하게 물고 늘어지면 개싸움만 발생한다.

업무관계이지만 무엇을 부탁할 때는 연인의 손을 처음 잡을 때처럼 공손한 척, 설레는 척이라고 해야 하는데 영업의 문제는 안에서 하는 갑질이 문제다. 밖에서는 고객에게 스트레스를 받았다고 그것을 만들기 위해서 노력한 사람에게 그 스트레스를 해소하는 것은 나쁘다. 해결방법을 찾아가는 방식으로도 비효율적이다. 집에 가서 밖에서 받은 스트레스로 하늘같은 마나님의 코털을 틈틈이 뽑는다면 아침밥이 안 나와도, 늦은 밤 집안 대문이 안열려도 할 말이 없는 것이다. 누울 자리를 만들어야 한다. 내부 영업을 못하면 안에서 새는 바가지 밖에서도 샌다는 말을 들어도 할 말이 없다. 영업은 집에서 쫓겨나면 홈리스가 되고 고객에게 쫓겨나도, 회사에서 쫓겨나도 홈리스다. 안에 있을 때 잘해야 한다.

가장 선행해야 할 일은 고객, 시장, 요청자가 하고자 하는 것을 합리적이고 논리적으로 명확하게 글과 말로 설명하는 것이다. 그것이 어렵다. 개발자들은 논리구조를 이탈하는 순간 "뭐라는 겨?"라는 질문을 끊임없이 내놓는다. 머리로 이해되지 않으면 만들 수가 없거나 내가 원하던 것도 네가 원하던 것도 아닌 것에 약간의 논리가 엉망진창으로 덧붙은 요물이 튀어나온다. 그러면 다시 영업은 노래 가사처럼 "이게 뭐야?!! 망했네 망했어"를 반복한다. 영업은 "착하면 척하고 나오는 거 아니에요?"라는 말을 하고, 개발자는 "어쭈! 척하면 억소리가 나오게 해주겠다"는 말과 다름 없다.

세부적인 사항은 개발자의 영역이지만 큰 블록 단위의 프로세스는 공통으로 이해할 수 있고 함께 사용할 수 있는 방법이다. 순서도를 활용하면 서로 편하다. 개발자는 현재까지 진행된 과정상 구조변경이 갖고 오는 리스크 회피, 시간 단축을 감안하여 더 좋은 세부적인 아이디어를 counter offer하기도 한다.

즉, 사전 단계에서는 가능성을 타진하는 것이고 가능성이 확보되어 추진하면 연구소와의 대화는 6하원칙, 블록다이어그램(순서도)을 사용하여 대화를 하는 것이 바람직하다. 못한다는 사람을 계속 추궁하는 것은 학대다. 업무 조정을 리더들이 해 주어야 한다. 더 넓게 바라보며 대책을 수립해야 하기에 협력 기반이 무너지는 것은 즉시 또 공평하게 처리해야 한다. 그런데 대개는 아무것도 안 한다. 안 하면 하고 싶은 사람에겐 큰 손해만 남는다. 동시에 내 생각과 고객의 생각이 다 맞는 것도 아니다. 서로 함께 해야 더 좋은 방법을 찾는다. 그 기회가 사라지면 고객은 KO되고, 조직의 장들이 고객이 OK할 때까지 관련자를 KO시킨다.

3. 모르면 지위 고하를 막론하고 배워라

개발자들이 영업 부서에 와서 영업을 가르쳐 달라는 말은 절대로 하지 않는다. 한 번도 본적이 없다. 그들은 아예 종이 다른 사람들로 보는 것 같다. 그러다 영업을 하시는 분들을 보면 신기하다. 영업하다가 개발하시는 분은 더 적지만 존재한다.

연구소에 가면, 멋지게 생긴 젊은 청춘이나 무뚝뚝한 아저씨나 뭘 잘 가르치는 재주가 있는 연구, 개발인력을 보기 힘들다. 한 번도 가르쳐준 적도 없으면 "넌 그걸 모르냐, 회사 다닌 기간이 얼마나 됐어? 몇 년 차야?"라는 소리를 듣기 일쑤다.

언어를 사용해서 똑같은 의미를 전달하는 기술이 참 신묘하다. '이거 이해가 잘 안되니?'라는 친근한 말도 있건만, '바보냐?'라는 한마디는 치명적이다. 의미 도출은 유사하지만 결과는 전혀 다르다. 영업은 상대방이 지위에 상관없이 나를 일깨워 줄 때에는 선생이라고 생각해야 한다. 그렇지만 이런 말은 "나와 싸우자"와 다름이 아니다. 그래도 배울 땐 잘 참아야 한다. 참을 인자를 서로 10개씩은 준비해야 한다. 어차피 같은 조선말이나 사용 기술이 전혀 다르기 때문에 활화산처럼 솟아오르는 분노와 깊은 빡침이 생길 가능성은 존재한다. 그 때마다 서로 다른 직군은 참을 인(忍)을 활용 할 수 밖에 없다. 실제로 더럽거나 깨끗한 것과 상관은 없지만 서로 '더러워서 못 해 먹겠다'라는 말을 많이 하는 이유가 별거 아니다.

이 때 가장 좋은 방법은 밑바닥을 알려주고 확실하게 드러눕는 전략이다. "내가 엔지니어가 아니니 초등학생이다 생각하고, 그 수준에서 알아 들을 수 있는 말로 설명을 부탁합니다"라고 아주 공손하게 가르침을 구하는 것이다. 젊은 친구들은 엄청 좋아한다. 그렇지만 이렇게 원천적으로 기술 용어를 사용하지 못하게 하면 온갖 비유를 해야 하는 연구원이 곧 힘들다는 것을 안다. 자신은 당연하다고 생각하는 것을 왜 당연한 것인지 생각해 본 적이 없기에 이런 것을 설명하기란 쉽지 않기 때문이다. 본인도 배우고 나도 배우는 것이다.

자신의 온갖 지식을 다 써야지 앞에 눈만 멀뚱멀뚱 껌벅거리는 소같은 아저씨가 고개를 끄떡거린다. 동시에 직급이 낮은 연구원은 자신보다 직급이 높은 직원을 가르치는 재미와 즐거움, 살짝 영업에 대한 우월감을 갖는다. 이렇게 실무에서 개발자들의 일을 어깨너머로 이해하게 되고, 서적들을 통해서 개념을 이해한다면 충분이 협력적 대화, 동기부여가 서로에게 가능하다. 결과적으로 함께한 시간만큼 친해진다는 것이다.

요즘도 종종 사무실을 굼벵이 마냥 어슬렁거리다가 청춘 디자이너에게 가서 "너도 잘 알다시피 이 아저씨가 미적 감각이 전혀 없잖아!"라는 말을 던지며 무엇을 변경해 보려고 한다. 담당 디자이너는 "아휴, 알았어요 아버님.뭘 고치려고 하는 거에요?"라는 잔소리가 나온다. 좋은 학습은 좋은 결과를 예측하게 한다.

인간의 학습을 말도 안 통하는 기계에게 가르친다고 난리다. 딥러닝, 데이터 사이언스가 다른 것이 아니다. 그 이전에 서로의 역할을 존중하는 것이다. 일과 업무를 논할 때 그 중심으로 논의하며 내가 원하는 역할을 해주는 상대방에 대한 배려가 중요하다. 기계도 상대 부품과 기계를 고려하지 않으면 함께 동작하지 않는다.

해외영업은 고객의 욕망을 연구개발 조직에 배달한다. 배달된 상태를 보면 연구개발 조직은 이 욕망을 현실에 구현할 수 있는지를 검토한다. 고객의 바람은 해외영업이란 메신저를 통해서 궁극적으로 연구개발이 실현하는 것이다. 이렇게 공동의 꿈을 실현해 주는 연구개발 조직은 기업의 든든한 뿌리가 된다. 나의 꿈을 현실에 배달해주는 이런 조직의 소중한 구성원들에게 감사한 마음을 갖는 것은 중요하다. 그래야 가상의 외계어가 아니라 현실의 소리로 대화할 수 있게 된다.

해외영업을 꿈꾸는 사람들에게

업(業)을 선택하고, 직(職)을 통해 발전하고, 사람을 이해하라.

우연한 기회에 시작한 두 번의 인연 중 마지막 만남이 남았다. 대학생들에게 해외영업에 대해서 설명을 해주는 일을 덜컥 시작하고 그 마지막 행사를 해야 한다. 다양한 커리큘럼에 필요한 교육과정들이 빼곡하게 들어있다. 이를 통한 기초 교육을 받고 실무에서 일할 기회에 도전할 것이다. 실무적인 부분을 잘 이해하는 것은 현업을 시작할 때 큰 도움이 된다. 동시에 나도 해오고 있는 해외영업과 젊은 학생들이 바라보는 기대와 생각을 보면서 많은 배움이 있다.

실무에 들어오면 그 기초과정은 나도 알고, 동료와 선배도 알고, 고객은 더 잘 안다. 말 그대로 기초인 것이다. 어떻게 보면 그 직종의 언어를 습득하는 과정이다. 누구나 한 직종에 몇 년이란 시간을 사용하면 배우는 것을 체계적으로 학습하는 것이다. 이것은 큰 경쟁력이 되기 어렵다. 많은 사람들이 자기계발에 노력하는 이유다.

지식이 축적되어 지혜로 발현되기 위해서는 경험을 통해서 시간을 소비해야 한다. 따라서 전략적으로 해외영업을 잘 하기 위한 자신의 방식을 만들어야 하고, 그 이전에 목표를 세워야 한다. 나는 세상에 영업을 하는 사람의 수만큼 영업의 방법이 존재한다고 믿는다. 전략적인 접근법이 나의 마음을 돌아보는 것으로부터 시작해야 한다고 믿는다.

대학을 가면 전공을 통해서 연관 분야와 준 전문성이 쌓인다. 이것이 본인의 업(業)과 직(職)을 결정하는데 큰 영향을 준다. 사회 생활을 준비하는 사람들이라면 어느 분야와 산업을 선택할 것인가가 곧 나의 미래를 결정하는 업(業)이 되고, 나를 사랑하듯 내가 선택한 업(業)을 사랑해야 기초가 멋지게 발현될 가능성이 커진다. 현실에서 어떤 대상을 선택해서 연애를 하거나 사랑에 빠지는 것은 이론적인 연애의 기술과 다르다. 일반적 이론과 현실에서 빨간 약과 파란 약을 선택하고 결정하는 일처럼 다르다. 그럼에도 이론은 배워야 한다. 그 정보가 현실을 이해하고, 발생하는 문제를 검토하고 판단하는데 도움을 준다. 끊임없는 학습의 자세는 필요한 것이다.

업(業)을 선택하고 사랑하며 시간을 사용하면 자연스럽게 그 분야의 깊이에 전문성으로 더해진다. 학교에 간다고 성적이 오르는 것이 아니다. 어떤 마음을 갖고 가는지가 중요하다. 그래야 행동하는 양식이 달라진다. 오랜 기간 접해야 할 분야에 대한 사랑이 없다면 삶은 잦은 퇴사와 이직을 통해서 다시 찾을 수밖에 없다. 사회에서 방황은 삶에 큰 영향을 준다. 이런 분야의 성취가 있어야 연관 분야, 관련 분야와 융합된 새로운 분야로 확장하기도 쉽다.

두 번째로는 사람을 이해하는 일이다. 영업은 변화를 감지하고, 변화를 대응하고 대책을 수립하는 일이다. 궁극적으로 변화를 만들어 내는 창조적인 힘이 필요한 직(職)이다. 고객의 불평과 불만을 통해서도 새로움을 찾아가는 것이다. 우리는 딱 보면 알 수 있는 것을 기계가 알게 되기까지 엄청난 시간이 소요될 것임으로 4차 산업혁명 환경에서도 비교우위는 오래 지속될 것으로 예상한다. 사람이 사람을 부르고, 다시 순환하면 영업은 눈덩이처럼 굴리고 불어난다. 그 힘은 기업의 혁신 역량과 영업의 혁신열량이 합쳐져야 가능한 일이다.

대부분 무역을 업무 기술로 접근한다. 무역(貿易)이라는 글씨는 주역처럼 변화한다는 의미를 내포하고 있다. 변화를 감지하고 변화에 대응하고 궁극적으로 변화를 주도하는 일이다. Incoterms, UCP, ICC와 같은 관련 용어와 관세법, 계약법, 운송론, 보험론과 같은 형식만 배워서는 재주만 아는 소인이 되는 것이다. 군자는 재주에 성품을 더해야 한다. 모든 분야가 그러하지만 사람을 접하는 것이 핵심 업무인 해외영업과 영업은 변화의 중심에 사람이 있고 그 사람을 통해서 업을 이루어 간다는 것을 정확하게 인식해야 한다. 왜 신의성실이 상거래의 근본이 되는 이유도 사람이 하는 핵심 활동이기 때문이다.

연예를 잘 하면, 영업도 잘 할 수 있다 A

돈을 쫓기 시작하는 순간
욕망이 나를 잡아먹기 시작한다 A

A 먼저 베풀어 받는 법을 깨달아야 한다

A 멘붕은 다가오는 것이 나의 미래에 악영향
을 줄 확률이 **100%**일 때 온다
항상 준비하고 학습해야 하는 이유다.

미래는 예측하여 실현하는 자의 것이고
책임은 임무를 완수하는 것이다

꿈이 직장인이었던 사람은 없다

가슴에서 머리까지 길(道)을 열어 한 걸음을 떼야 한다. 멘토를 찾기보다 스스로 멘토가 되어라

아무것도 할 수 없을 때에는 자연을 벗삼아 걸어라. 쉴 땐 쉬어야 한다

대학생들을 만나며 만들어본 파워포인트다. 사진도 내가 출장 중 전화기로 조금씩 찍어 본 것이다. 그들에게 기술적인 부분의 답변보다 내가 오랜 기간 해보니 기술의 문제가 아니라 사람의 문제라는 관점에서 많이 이야기했다.

해외영업이란 직업을 택해서 잘 할 수 있는가는 지식보다는 나의 인품에 지식이 더해져야 가능한 일이다. 교육과정에서 기술적인 부분은 모두들 잘 알고 있어서 충분하다. 무역이란 부분의 경험이 없다면 무역학 개론, 코트라 또는 무역협회의 교육과정을 참고해도 된다.

내 바람은 해외영업을 지원하는 모든 청춘들이 경기장에 입장할 때부터 주목 받는 선수가 되길 바란다. 종목별 경기장에 있는 다양한 규칙과 현실을 냉정하게 바라보고 종목을 선택했으면 그 경기의 규칙을 지배할 정도로 도전해 보는 것이다. 당장 취업을 해야 하는 입장에서 잘 다가오지 않을 수 있다. 하지만 먼저 경험한 사람의 입장에서, 그 때도 쉽지 않은 때를 경험한 입장에서는 취업과 나를 alignment하지 않으면 깊이가 얕아져 방황하게 된다는 것이다.

좋은 결과를 만들고, 그 결과를 나처럼 너무 멀리 돌아가지 않기 위해서 중요하다고 생각했다. 더 많고 좋은 동업자들이 이 분야에 도전하길 바란다.